Südtirol

Helmut Dumler

Südtirol

Ausflüge
und Rundwanderungen

Fink - Kümmerly + Frey

»Wanderbücher für jede Jahreszeit«
eine Wanderbuch-Reihe für die schönsten Erholungsgebiete

Umschlagfoto: Palagruppe

Fotovorspann:
Wanderung durch das Rebland bei Eppan
Blick über den Karersee
Jenesien, ein beliebtes Ausflugsziel der Bozener
Blick zur berühmten Ruine Sigmundskorn

Kartenskizzen: Raimund Rieger, Ludwigsburg

Fotonachweis (von vorne nach hinten): W. Schmidt (U), H. Dumler, W. Schmidt, H. Dumler (4), W. Schmidt, H. Dumler, W. Schmidt (2), H. Dumler (4), W. Schmidt (2), H. Dumler (4), W. Schmidt

ISBN 3-7718-0476-0

© J. Fink – Kümmerly + Frey Verlag GmbH, 7302 Ostfildern 4 (Kemnat)
Alle Rechte, auch die der photomechanischen Wiedergabe
und der Übersetzung, vorbehalten.
Konzeption und Redaktion: WERKSTATT BUCH Dr. Udo Moll, 7636 Ringsheim
Layout-Konzeption: R.O.S., 7000 Stuttgart 80
Kartenbeilage mit freundlicher Genehmigung:
Kümmerly + Frey Geographischer Verlag, Bern
Satz und Druck: J. Fink, 7302 Ostfildern 4 (Kemnat)
Printed in West-Germany

Inhaltsverzeichnis

		Seite
Vorwort		5
Übersichtskarte		6
Einführung		8
Autotour		11
Register		110

Kurze Wanderungen und Spaziergänge

2	Am Ritten gibt es natürliche Pyramiden	16
5	Von Girlan zum Schloß Sigmundskron	22
6	Auf Schusters Rappen in die Eiszeit	24
7	Zu den Schlössern und Burgen von Eppan	26
10	Zur Brotzeit auf den Gummererhof	32
11	Wanderung für Weinfreunde in und um Tramin	34
14	Burgenwanderung zur »Maultasch«	40
16	Von Nals über Burg Payersberg zum Bittner- und Regele-Hof	44
22	Dorf und Schloß Tirol	57
26	Wo man berühmte Pferde züchtet	65
27	Meran 2000 – keine Zukunftsvision	67
29	Auf den Spuren Andreas Hofers	71
32	Über die Churburg zur romantischen Saldurbachklamm	77
35	Um Taufers im Münstertal – Burgruinen, Kirchen und Kapellen	83
38	Zur »Akropolis« von Südtirol	89
42	Unterwegs zum Waal	97
43	Aufstieg zum Schloß Taufers	99

Halbtageswanderungen

3	Jenesien – ein Ausflugsziel der Bozener	18
12	Von Tramin nach Söll und Graun	36
15	Im Wanderparadies von Vöran	42
18	Nach schöner Aussicht ins Museum	49
19	Zu den grünen Matten der Naturnser Kuhalm	51
20	Von St. Nikolaus zur Kaserfeldalm	53
21	Merans berühmte Promenade zu den Waalen	55
24	Auf den Hausberg von Meran	61
28	Hüttenwanderung in den Bannkreis des Ifingers	69
30	Zum höchsten Wasserfall in Südtirol	73
33	Das Rothenburg von Südtirol	79
34	Von Laatsch ins Münstertal	81
36	Wo die Benediktiner dem Himmel am nächsten sind	85
37	Berge über dem Reschensee	87

Tageswanderungen

Seite

1	Auf der Bozener Aussichtsplattform	14
4	Wo sich nächtlicherweise die Hexen treffen	20
8	Auf die Eppaner Aussichtspromenade	28
9	Kaltern: Aussichtswanderung nach Altenburg	30
13	Vom »Boarenwald« auf den Mendelkamm	38
17	Zu uralten Heiligtümern und Jausenstationen	46
23	Eine luftige Tour über dem Burggrafenland	59
25	Zu Fuß zum Kirchlein St. Kathrein	63
31	Mit Blick auf die Gletscherwelt der Ortlergruppe	75
39	Vom »Feichter« in die einsamen Sarntaler Alpen	91
40	Zu den Ufern des Puntleider Sees	93
41	Vom Roßkopf auf die Telfer Weißen	95
44	Mit oder ohne Lift in 2523 Meter Höhe	101
45	Zur Kasseler Hütte	103
46	Auf dem alten Römerweg ins Gsieser Tal	105

Zweitageswanderung

47	Zur schönen Aussicht auf den Helm	107

Vorwort

Den Raum, den Südtirol vorgibt, vom Brenner bis Salurn, vom Ortler bis zu den Sextener Dolomiten, kann man mit einem Führer kaum abdecken, schon gar nicht vollständig und mit den schönsten Flecken. Deshalb sind diesem Büchlein Grenzen gesetzt worden in Form des Pustertales sowie des Eisack- und Etschtales. Was darüber hinausreicht an Südtiroler Landschaft, wird in »Rundwanderungen Westliche Dolomiten« und »Rundwanderungen Östliche Dolomiten« beschrieben.

Wenn man, wie der Autor dieses Führers, Jahr für Jahr mindestens einen Monat in Südtirol verbringt, will einem fast das Herz überlaufen mit Gefühlen, Eindrücken und Erlebnissen. Daraus hat sich so etwas ähnliches wie ein Konzentrat gebildet, die Essenz aus einem nahezu unüberschaubaren Angebot von Wanderwegen und Bergpfaden. Es wäre selbstverständlich subjektiv, zu behaupten, es handle sich um die schönsten Touren, aber ich kann mit gutem Gewissen sagen, daß die beschriebenen Wanderungen wenigstens einen repräsentativen Eindruck des Landes vermitteln und sicherlich Anreiz geben zu einem Mehr, womit persönliche Entdeckungen gemeint sind, die schließlich und endlich den großen Rahmen erfüllen.

Helmut Dumler

Anschlußführer östlich: Rundwanderungen Westliche Dolomiten, Rundwanderungen Östliche Dolomiten, Rundwanderungen Osttirol; nördlich: Rundwanderungen Nordtirol.

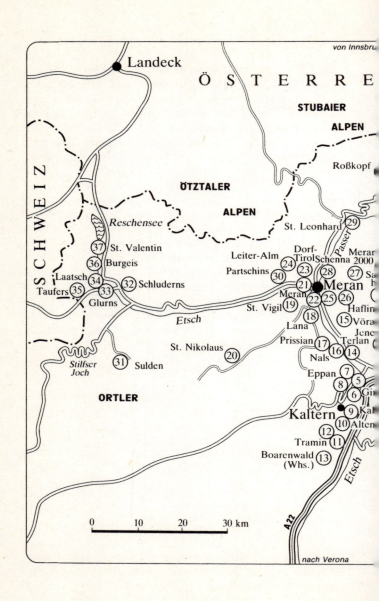

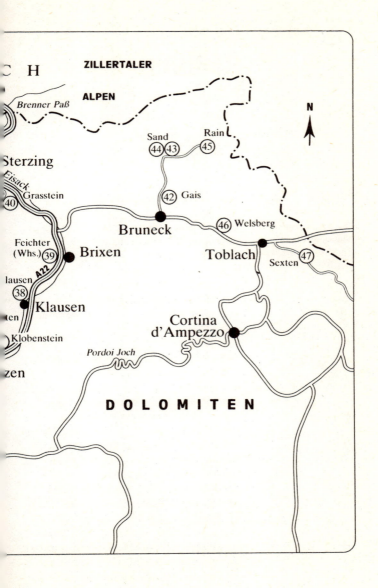

Südtirol

Ein Alpenland mit vielen Gesichtern

Die Machtergreifung Mussolinis leitete in Südtirol die Italienisierung ein

Es gibt kein anderes Land im deutschsprachigen Alpenbereich, das mit einer größeren Vielfalt und Vielseitigkeit aufwarten kann, wie Südtirol – sowohl in kulturhistorischer wie in kunstgeschichtlicher Hinsicht, auf das alpinistische Angebot bezogen wie auf den Erholungswert, auf das Kulinarische wie auf das volkstümliche Wesen.

Südtirol, wie wir es heute kennen, existiert politisch erst seit 1919, als durch den Frieden von Saint Germain der südliche Teil Tirols italienischem Staatsgebiet einverleibt wurde: Alto Adige (Oberetsch) hieß die abstrakt-politische Konstellation. Die Folgen des Ersten Weltkrieges haben ein Land auseinandergerissen, das jahrhundertelang eine Einheit bildete, regiert durch Landesfürsten, zu Anfang von Schloß Tirol aus, ab 1420 von Innsbruck durch Habsburger Seitenlinien. Mit dem Erlöschen des Hauses Habsburg (1665) unterstand Tirol direkt dem deutschen Kaiser, später dem österreichischen Kaiser, ausgenommen das

Jahrzehnt (1804–1814) des bayerischen Zwischenspiels.

Die Machtergreifung Mussolinis 1922 brachte eine rücksichtslose Italienisierungspolitik nach Südtirol, wozu das Verbot der deutschen Sprache in Ämtern und Schulen zählte, die rigorose Italienisierung von Orts- und Familiennamen (selbst vor Inschriften auf Grabsteinen wurde nicht haltgemacht), Einsetzung italienischer Gemeindeverwaltungen sowie die Förderung der Zuwanderung durch Italiener, was sich vor allem in Bozen bemerkbar machte. Endgültig preisgegeben wurde das deutschsprachige Land 1939 durch Hitler bzw. seinen Vertrag mit Mussolini. Rund 86 Prozent der Bevölkerung entschieden sich für die angebotene Umsiedlung in das »Großdeutsche Reich«, die aber nicht in vollem Umfang geschah, das heißt, von den Faschisten weitgehend vereitelt wurde. Auch nach 1945 blieb Südtirol bei Italien, das sich zunächst nicht an das vereinbarte Autonomiestatut hielt. Zum Beispiel hatte der Staat zwischen 1945 und 1957 in Südtirol 4100 Wohnungen gebaut, von denen 93 Prozent Italienern zugewiesen worden waren. Eine Wende, wenn auch zunächst nur eine psychologische, brachte das Jahr 1957, als sich 35 000 Südtiroler zu einer friedlichen Demonstration auf Sigmundskron versammelten und das »Los von Trient« forderten: »Uns steht aufgrund des Pariser Vertrages (vom 3. 9. 1946, d. Verf.) eine Autonomie für Südtirol alleine zu«, artikulierte sich die spontane Volksversammlung, während Extremisten das Anliegen durch Bombenattentate unterstrichen.

Burg Sigmundskron: Hier fand 1957 eine bekannt gewordene Demonstration von 35 000 Südtirolern statt, die die Autonomie ihres Landes forderten

Das günstige Klima Südtirols wird besonders von deutschen Urlaubern sehr geschätzt. Obst-, Wein- und Frühgemüsekulturen gibt es in Hülle und Fülle

Das Törggelen, die Verkostung des neuen Weines bei Keschn (Kastanien), Wallnüssen, Speck und Fladenbrot, gehört zu den beliebtesten Traditionen in Südtirol

Südtirol lebt zu einem großen Teil vom Fremdenverkehr, hauptsächlich von deutschsprachigen Gästen, während in den östlichsten Teilen (z. B. Toblach, Innichen, Sexten) zwischenzeitlich die Italiener überwiegen. Außerdem wird in weiten Teilen des Landes infolge der Gunst des Klimas und künstlicher Bewässerung intensiver Anbau von Obst, Wein und Gemüse betrieben. Allein die Südtiroler Weinstraße rühmt sich einer Produktion von jährlich mindestens 100 000 Hektolitern. Im Bruggrafenamt hingegen, zwischen Naturns und Gargazon, ist von den einstigen Rebflächen nur noch ein Fünftel vorhanden: Obstbau brachte zeitweise erträglichere Gewinne; überdies fielen größere Reblandflächen der Verbauung zum Opfer. Größte Obstbaugemeinde in Südtirol ist Lana, 7 Kilometer südwestlich von Meran.

Für den Kunstfreund ist Südtirol ein einziges Museum unter freiem Himmel: Romanische und gotische Kirchen in großer Zahl, zum Teil noch mit den ursprünglichen Fresken, mittelalterliche Burgen und ihre romantischen Ruinen, herrschaftliche Schlösser und Ansitze drängen sich auf engem Raum. Archäologen bringen bei Ausgrabungen Licht in das Dunkel der Vor- und Frühgeschichte: Römerspuren im Pustertal (bei St. Lorenzen), frühchristliche Stätten auf Säben. Rätselhafte Schalensteine berichten vom Kult der ersten Siedler.

Wanderer und Bergsteiger finden ein überaus reiches Betätigungsfeld. Vom Talspaziergang bis zur Gletschertour, von Mittelgebirgshöhen bis zu den einzigartigen Felsgestalten der Dolomiten.

Mit dem Auto unterwegs in Südtirol

Sterzing bildet für den aus dem Norden kommenden Touristen verkehrsmäßig eine zentrale Drehscheibe. Der schnellste Weg in den Süden ist selbstverständlich die Fahrt auf der Autobahn oder auf der parallel dazu verlaufenden Staatsstraße im Eisacktal.

Südlich von Franzensfeste, wo das Tal durch ein altösterreichisches Festungssystem bewacht wird, zweigt ostwärts das Pustertal ab, wo man über Bruneck nach 55 Kilometer Toblach und nach weiteren 15 Kilometern Sexten erreicht.

Im Eisacktal folgt die traditionsreiche Bischofsstadt Brixen mit einem berühmten gotischen Kreuzgang neben dem Dom und dem ehemaligen Schloß (Museum) der Fürstbischöfe. Die ersten Bischöfe residierten auf dem heiligen Berg von Säben, der sich bei Klausen 200 Meter aufschwingt und ein Benediktinerinnenkloster nebst Kirchenbauten trägt.

Bei Waidbruck, das von der Trostburg überragt wird, zweigt das ladinische Pustertal in die Dolomiten ab.

Ausgangspunkt: Sterzing
Zielpunkte: Bozen, Meran, Reschenpaß oder Salurn

Entfernungen:
Brenner – Sterzing 15 km. Sterzing – Brixen – Bozen 80 km. Sterzing – Reschenpaß – Bozen 67 km. Sterzing – Jaufenpaß – Meran 59 km. Meran – Bozen 28 km. Bozen – Südtiroler Weinstraße – Salurn 45 km

In Bozen sind wir dann im politischen und wirtschaftlichen Zentrum Südtirols. Im Herzen der Altstadt, am Westrand der Lauben, pulsiert das städtische Leben zwischen den überquellenden Ständen des Obstmarktes. Am Waltnerplatz sitzt man vor den Restaurants im Freien, nur einen Steinwurf von der gotischen Pfarrkirche entfernt.

Eine andere Route von Sterzing nach Bozen führt über das Penserjoch ins Sarntal. Dort zeigt sich teilweise noch das ursprüngliche Südtirol: Frauen in alten Trachten, hochgelegene Einödhöfe, unverbildete Bauerngeschlechter, die Einmaligkeit des Edelweißfriedhofes in Durnholz über dem gleichnamigen Bergsee. Sarnthein ist der Hauptort des Tales. Südlich davon erwartet uns die wilde Sarner Schlucht mit einem Dutzend Tunnels, ehe sich das von der Talfer durchflossene Tal öffnet. Schloß Runkelstein ist einen Besuch wert. Dann fahren wir in Bozen ein und suchen am besten einen bewachten Parkplatz auf.

Die kilometermäßig kürzeste Straßenverbindung von Sterzing nach Meran stellt der Jaufenpaß dar. Südlich des Passes umfängt uns das Passeiertal. Gleich hinter St. Leonhard steht links an der Straße das Sandwirthaus, die Geburtsstätte von Andreas Hofer (1767–1810), an den u. a. eine Gedenkstätte in Form eines kleinen Museums erinnert.

Das Passeiertal mündet bei Meran in das Etschtal. Meran strömt als Kurstadt internationale Atmosphäre aus: Mittelpunkt des vornehmen Südtirol. Man spaziert über die Kurpromenade durch mediterrane Vegetation, bummelt durch die

Lauben, in denen ein Ladengeschäft das andere ablöst, besichtigt vielleicht das landesfürstliche Schlößchen (hinter dem Rathaus), oder macht Ausflüge auf guten Straßen in den Ferienort Schenna (Schloß-Führungen) oder nach Dorf Tirol, von wo es zu Fuß nur noch ¼ Stunde zum Schloß Tirol ist, einst Sitz der Grafen von Tirol.

Von Meran führt die Staatsstraße 38 durch den geschichtsträchtigen Vinschgau in Richtung Reschenpaß (90 km). Unterwegs eine Reihe von Sehenswürdigkeiten: Partschins (etwas abseits) mit dem höchsten Wasserfall Südtirols, direkt über der Straße Schloß Kastelbell, unweit davon an der Mündung des Martelltales die Burgruinen Ober- und Untermontani mit der sehenswerten Stephanskapelle (Freskoschmuck). Am Hang über Schluderns thront die Churburg, deren Besichtigung sich schon alleine der Rüstungs-Sammlung wegen lohnt. In Spondinig wird die Abzweigung zum Stilfserjoch (31 km) sowie nach Sulden (23 km) im Schatten der Ortler-Gruppe angezeigt. Hinter Mals beginnen die Schleifen der Reschenpaßstraße – links grüßt das Benediktinerinnenkloster Marienberg – hinauf zur Malser Heide und zum Reschensee, dem der Kirchturm der alten Ortschaft Graun entragt.

Südtirol reicht von Bozen noch ein Stück in den Süden, bis zur Salurner Klause, die von der sagenumwobenen Haderburg bewacht wird. Schnellste Straßenverbindung dorthin bildet wiederum die Autobahn. Abwechslungsreicher hingegen gestaltet sich die Fahrt auf der Südtiroler Weinstraße.

Wichtige Seilbahnen:
Sterzing – Roßkopf; Brixen – Plose; Bozen – Ritten; Saltaus (Passeiertal) – Hirzerhütte; Meran 2000; Schnalstaler Gletscherbahn; Suldener Seilbahn; Mendelbahn; Bruneck – Kronplatz; Sexten – Helm

Südtiroler Weinstraße:
Vom südöstlichen Stadtrand Bozens führt sie über die Etsch, unterhalb der Festung Sigmundskron vorbei und ansteigend über Girlan nach Eppan. Damit sind wir auf dem Überetsch. Seit Menschengedenken lebt man hier vom und mit dem Wein. Eppan, Kaltern und Tramin sind die bekanntesten Orte, mit Weinen, deren Namen dem Kenner auf der Zunge zergehen. Aber auch Kurtatsch und Margreid haben unverkennbare Reize. Über Kurtinig bringt uns die Weinstraße schließlich zur Salurner Klause, wo mächtige Felsbastionen das Tal der Etsch zusammenschnüren

1

Auf die Bozener Aussichtsplattform

*Das Rittner Horn ist einer der schönsten
Aussichtsplätze in der Umgebung von Bozen
mit Fernblicken auf die Zentralalpen,
Brenta, Adamello, Presanella*

Ausgangspunkt:
Parkplatz neben der Talstation des Panoramaliftes Rittnerhorn (zur Schwarzseespitze) beim Gasthof zum Zirm (1530 m).
Von Klobenstein Asphaltstraße (5,5 Kilometer)
Weglänge: 16 km
Gehzeit: 5½ Stunden
Gesamte Steigung: knapp 1000 m
Wanderkarte: Freytag-Berndt-Wanderkarte, 1:50 000, Blatt 1

Einkehrmöglichkeit:
Unterhornhaus,
Rittner-Horn-Haus,
Gißmann (Boar;
Do. Ruhetag)

Von der Talstation des Panoramaliftes Rittnerhorn die Straße überqueren und auf Weg 1 links am Gasthof Pemmern vorbei ansteigen, und zwar am Rand der Skipiste. Bald stößt man auf den Weg (Nr. 1a), der rechts vom Gasthaus Tann kommt. Auf ihm links, unter dem Lift hindurch zur »Schön«, wo am Barthlmätag (24. August) ein traditioneller Markt stattfindet. Die kleine Kapelle steht etwas links des Weges, der anschließend einen Rechtsbogen beschreibt und in den Sattel zwischen Schwarzseespitze und Rittner Horn leitet (hierher von der Bergstation des Panoramaliftes in 10 Minuten). Etwa 5 Minuten später sind wir beim *Gasthaus Unterhorn* (2042 m). Von dort in 35 Minuten vollends hoch zum *Rittner-Horn-Haus* auf dem *Rittner Horn* (2259 m). Vom Parkplatz 2¼ Stunden, von der Sessellift-Bergstation 50 Minuten.

Ab der Westseite des Hauses bzw. der Schleppliftstation nehmen wir Weg 2. Kurz darauf an der Wegegabel links halten und abwärts zu zwei gemauerten Almhütten. Aufpassen: Nicht auf dem linken, breiten Weg, sondern links etwas unterhalb der Hütten mit den weiß-roten Markierungsfarben den Wegspuren folgen, einen Querweg kreuzen und geradeaus über feuchte Wiesen zu einem Viehgatter. Immer den Farbzeichen nach über eine schwach gewölbte Kuppe. Etwa ¾ Stunden nach dem Rittner Horn steht rechts eine gemauerte Hütte. Die Markierungen leiten uns in einen Sattel mit zwei Almhütten. Vom Gipfel 1¼ Stunden.

Hinauf zu einem Wetterkreuz (mit drei Querbalken). Danach abwärts auf einem Waldweg in ½ Stunde zum *Gasthaus Roaner Hof*, und nun auf der Fahrstraße in 5 Minuten zur 1749 erbauten Kirche Maria Heimsuchung im Weiler *Gißmann* (1511 m). Vom Rittner Horn 2 Stunden.

Am Gasthaus Boar vorbei auf der asphaltierten Straße, begleitet von einzelnen Anwesen, zum Sattel *Roßwagen* (1700 m). Rechts naturgeschützte Hochmoore. Und knapp ½ Stunde später sind wir wieder beim Parkplatz.

Bemerkungen: Bei schlechter Sicht ist der Abstieg vom Rittner Horn schwierig zu finden. Bei Benutzung des Panoramalifts zur Schwarzseespitze (2070 m; Gasthaus) verringert sich die Gehzeit um etwa 1½ Stunden

Ritten: Bis in die sechziger Jahre war die einzige Verkehrsverbindung zwischen Bozen und dem Ritten eine Zahnradbahn. Inzwischen ist die Hochfläche durch Straßen erschlossen; Busse fahren von Bozen nach Oberbozen, Klobenstein, Maria Saal und Wangen

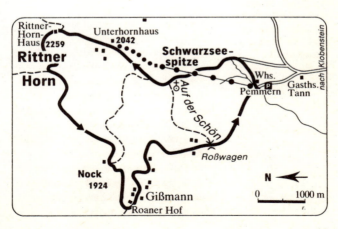

2

Am Ritten gibt es natürliche Pyramiden

Die berühmten Südtiroler Erdpyramiden, teilweise bis zu 30 m hoch, sind aus dem Lockermaterial eiszeitlicher Moränen herausgewittert

Ausgangspunkt: Bahnhof (Schmalspurbahn von Oberbozen) im Oberdorf von Klobenstein; Parkplätze
Weglänge: 7,5 km
Gehzeit: 2 Stunden
Gesamte Steigung: 70 m
Wanderkarte: Freytag-Berndt-Wanderkarte 1:50 000, Blatt 1

Einkehrmöglichkeit: Lengmoos

Fotos
▷ Schloß Hocheppan
▷ ▷ Kalterer See vom Kalterer Höhenweg

Abwärts in Richtung Zentrum zur Kirche im *Unterdorf*. Nun links. Nach dem Restaurant Zentral rechts ab und in der Folge auf der *Fennpromenade* (Weg 20). An der Wegegabel nicht links halten, sondern rechts auf der Promenade, die weiß-blau markiert ist. Eben geht es dahin, zwischendurch eine Rastbank. Tief unten das Eisacktal und andauernd fesselnde Blicke zum Schlern und Rosengarten.

Etwa ¼ Stunde nach dem Bahnhof sind wir bei einem Aussichtsplatz. Weiter auf der Promenade in ¼ Stunde zur nächsten Kanzel, deren Sichtraum allerdings durch Bäume beschränkt ist. Anschließend nicht links auf breitem Weg, sondern rechts davon auf dem unteren, schmalen Weg absteigen in 5 Minuten zum Gasthof Amtmann in Lengmoos.

Auf der Straße rechts. Etwa 10 Minuten später, beim letzten Haus, die Straße halbrechts verlassen und auf einem Hangweg zu einer Schaukanzel am Rand der *Erdpyramidenzone*. Der Zugang ist gesperrt, die Steige sind nicht mehr begehbar! Aber

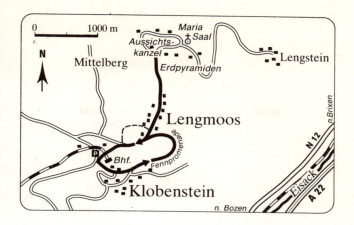

auch von der Kanzel sind die säulenförmigen Türme gut zu sehen, auch die Decksteine. Sobald einer davon abstürzt, fällt die Pyramide rasch in sich zusammen; neue Türme bilden sich.

Auf dem Herweg wieder zurück nach *Lengmoos,* dem kirchlichen Mittelpunkt der Gemeinde Ritten (5000 Einwohner). Die Kommende des Deutschen Ritterordens wurde in der 1. Hälfte des 13. Jahrhunderts gegründet. Das heutige Deutschordenshaus stammt aus dem 17. Jahrhundert. In unmittelbarer Nachbarschaft steht die Pfarrkirche Mariae Himmelfahrt aus dem frühen 13. Jahrhundert, gotischer Chor von 1400 (in der Kirche Informationsanschlag).

Der kürzeste Rückweg wäre die Straße nach Klobenstein oder der Fußweg am Waldrand des Fennbühel. Direkt zum Bahnhof indes führt folgende Route: Zwischen Pfarrkirche und Deutschordenshaus bergan – entweder rechter oder linker Weg – zu einem Holzlagerplatz. Dort links halten und zum Bahnhof.

Klobenstein
(1156 m): Mittelpunkt der Gemeinde Ritten auf den Sonnenterrassen über dem Bozener Talkessel, seit dem 17. Jahrhundert eine Sommerfrische der Bozener. Erreichbar entweder vom Bozener Stadtteil Rentsch auf der Straße (17 km) oder mit der Seilbahn von Bozen nach Oberbozen und von dort mit der letzten Südtiroler Schmalspurbahn. Busverbindungen

Fotos
◁ St. Vigil nahe Lana
◁◁ Blick zur Rotwand von der Rotwandwiese

3

Jenesien – ein Ausflugsziel der Bozener

Ähnlich wie der Ritten ist auch Jenesien mit den dahinter ansteigenden Höhen des Tschögglberges seit Generationen ein bevorzugtes Ausflugsziel der Bozener

Ausgangspunkt: Pfarrkirche von Jenesien
Weglänge: 13,5 km
Gehzeit: 3¾ Stunden
Steigung: 550 m
Wanderkarte: Freytag-Berndt-Wanderkarte 1:50 000, Blatt 1

Einkehrmöglichkeit: Locher, Wieserhof, Tschaufenhaus, Gasthaus Edelweiß

Am Eingang des Sarntales, an der Sarntaler Straße, befindet sich die Talstation (Haltestelle der Ortsbusse, Abfahrt vom Bozener Busbahnhof) der Seilbahn, die in 7 Minuten in eine Höhe von etwa 1000 Meter schwebt. Von der Bergstation Ab- und Aufstieg in 10 Minuten ins Zentrum von *Jenesien* (1087 m).

Vorbei an der Raiffeisenkasse bergan. Beim Garni Latemar links kurz dem Sträßchen folgen, dann rechts ab über Holzbohlenstufen. Gleich danach links halten und auf dem mit einem L bezeichneten Wanderschutzweg oberhalb bzw. parallel zur Straße in 40 Minuten zum *Gasthaus Locher* (1271 m).

Nun auf dem Fahrsträßchen mäßig bergan in 35 Minuten zum *Wieserhof* (1400 m). Anschließend noch einige Minuten auf der Straße, worauf sich Weg 2 rechts wendet. Durch den Südhang der Tschauferhöhe und zum *Tschaufenhaus* (1350 m) in kanzelartiger Lage rund 1000 Meter über dem Etschtal. Von Jenesien (Seilbahn) etwa 2 Stunden.

Ab dem Tschauferhof in Ostrichtung auf Weg 7. Im *Schwarzwald* bergan und danach über die Wiesen auf der Nordseite der Tschauferhöhe, vorbei am einsamen Tschauferweiher. Im Herbst scheinen auf dem Tschögglberg die Lärchen zu glühen, im Frühjahr sind die Wiesen ein farbenfroher Teppich aus Blumen.

Bald wendet sich unsere Route (Weg 7) rechts, jetzt in Südostrichtung. Über eine Kreuzung geradeaus hinweg. Unsere Wanderung mündet in den Europäischen Fernwanderweg (E 5), auf dem wir rechtshaltend den *Gasthof Edelweiß* erreichen.

Kürzester Rückweg von hier zur Seilbahn-Bergstation (letzte Talfahrt 19.30 Uhr) auf asphaltiertem Sträßchen in ½ Stunde. Angenehmer erweist sich folgender Abstieg: Gegenüber des Gasthofes mit den Markierungen E bzw. rot-weiß-rot an den Bäumen auf einem schattigen Waldweg in Windungen hinunter zur Straße und auf ihr links in die Ortsmitte von *Jenesien*. Von dort ab- und aufsteigend in 10 Minuten zur Bergstation.

Jenesien ist Mittelpunkt der gleichnamigen Gemeinde, die aus mehreren verstreut gelegenen Ortsteilen besteht. Autostraße (Busverbindung) von Bozen

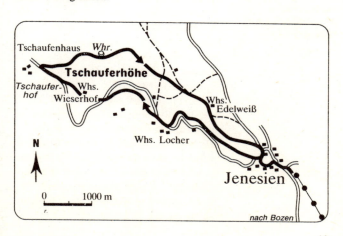

4

Wo sich nächtlicherweise die Hexen treffen

Die Tour führt über das Putzenjoch zur Sarner Skihütte hinauf, einer zünftigen Einkehr auf der Alm

Ausgangspunkt: Pfarrkirche von Sarnthein
Weglänge: 13,5 km
Gehzeit: 4¾ Stunden
Steigung: 1300 m
Wanderkarte: Freytag-Berndt-Wanderkarte 1:50 000, Blatt 1

Einkehrmöglichkeit: Putzer Kreuz, Auenalm, Sarner Skihütte

Anfahrt nach *Sarnthein* (961 m) entweder von Bozen durch das Sarntal (19 km), oder von Sterzing über das Penser Joch (47 km); SAD-Busverkehr mit Bozen. Parkraum ist vor der Pfarrkirche vorhanden.

Von der Kirche ein kurzes Stück dem *Runggener Weg* folgen, dann links ab mit Weg 5. Zunächst einige Minuten auf dem Fahrsträßchen, worauf sich Weg 5 halbrechts abwendet. An der Wegegabel abermals rechts und den Hang aufwärts. An der Wegekreuzung links. Bald begegnen uns die ersten Kreuzwegstationen des alten Sarner Wallfahrtsweges, der zum *Gasthof Putzer Kreuz* (1622 m) leitet. Von Sarnthein 1¾ Stunden.

Am Putzenjoch steht das Heiliggeistkirchlein. Besondere Wallfahrtstage sind der »Tag der Erhöhung des hl. Kreuzes« (14. 9.), der sogenannte Putzer Kirchtag, sowie der Margarethentag am 20. Juli.

Vom Gasthaus auf Weg 5 etliche Minuten bergan. An der Wegeteilung nicht in Richtung Möltner Kaser (Tafel), sondern rechts halten mit der Markierung P.

Über feuchte Wiesen bergan, die Kuppe (1930 m) überschreiten und durch Wald zur freien Höhe der *Stoanernen Mandlen,* so benannt nach den hier herumstehenden Steinmännern, vermutlich von Hirten zusammengetragen. Einer Sage nach sollen sich auf der Höhe zu nächtlicher Stunde die Hexen treffen ... Jetzt sind es nur noch 10 Minuten ins *Auenjoch* (1924 m) mit einem informativen Wegeweiser. Vom Gasthaus Putzer Kreuz 1½ Stunden.

Von dort, im Sinne des Ankommens, rechtshaltend auf Wegspuren über Wiesen und in 10 Minuten zur *Jausenstation Auenalm*. Eine Weile am Bach entlang, worauf sich Weg 2 rechts wendet und zum *Berggasthaus Sarner Skihütte* (1618 m) leitet. Vom Auenjoch 25 Minuten.

Schön und abwechslungsreich ist nun in jedem Falle Weg 2, der die Straße östlich der Sarner Skihütte an einer Rechtskurve verläßt, sie in der Folge dann mehrere Male kreuzt und schließlich bei der Einkehr »Zum Enzian« auf die ersten Häuser von *Sarnthein* stößt.

Sarnthein (961 m) ist der Mittelpunkt der größten Südtiroler Gemeinde (27 Fraktionen, 900 km²) und Hauptort des von der Talfer durchflossenen Sarntales, das bei Bozen ins Eisacktal mündet. Pfarrkirche Mariae Himmelfahrt im Stil der Neuromantik. Im östlichen Talhang Schloß Reineck (keine Besichtigung)

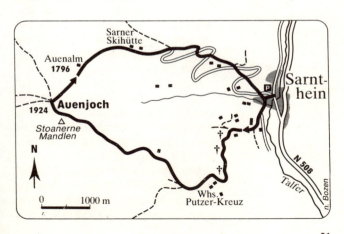

5
Von Girlan zum Schloß Sigmundskron

Ein Streifzug durch die geheimnisumwitterten Mauern von Sigmundskron, der mächtigsten Südtiroler Burganlage mit einem empfehlenswerten Restaurant

Ausgangspunkt: Pfarrkirche St. Martin in Girlan
Weglänge: 9,5 km
Gehzeit: 2½ Stunden
Steigung: 300 m
Wanderkarte: Freytag-Berndt-Wanderkarte 1:50 000, Blatt 1

Einkehrmöglichkeit: Marklhof, Sigmundskron (Montag geschlossen), Frangart

Girlan (435 m): eines der namhaften Weindörfer auf dem Überetsch, nur wenige Autominuten von Eppan entfernt; Busverbindungen mit Eppan, Kaltern, Bozen

Vom *Girlanerplatz* auf der *St.-Florian-Straße* zu einem Brunnen. Dort rechts in die *Jesuheimstraße* und zum Jesuheim. Anschließend linkshaltend auf dem *Schreckbichler Weg*. An der nächsten Gabelung geradeaus mit rot-weiß-roten Farbzeichen (Weg 1) dem Marklhofweg folgend zum *Marklhof* auf dem Rücken des Mitterberges. Hof und Rebengelände gehören dem Kloster Neustift (bei Brixen).

Auf der Südseite des Marklhofes führt ein Weg in wenigen Minuten zu einem Aussichtsplatz über der Mündung von Etsch und Eisack. Von Girlan 25 Minuten.

Wir spazieren neben dem Marklhof auf breitem Weg mit den vertrauten Markierungsfarben zunächst an einer Mauer entlang, dann zwischen Buschwerk (rechts) und Obstgärten (links) dahin. Etwa 5 Minuten später bei der Wegeteilung halbrechts. Nun immer den rotweißen Markierungen (an den Bäumen) nach durch den Wald zu einer Straße. Auf ihr kurz abwärts, dann halbrechts zu einem Parkplatz vor Basaltsäulen. Weiter auf dem Weg zum nahen Bollwerk mit zwei mächtigen Rondellen von *Schloß Sigmundskron*. Zum rechten Rondell, kurz im Fels absteigen und an der Mauer entlang, bis ein Loch den Durchschlupf in den äußeren Burghof erlaubt. Von dort auf einem Steig zum höchsten Punkt der Anlage mit der Ruine der alten Burgkapelle, von wo sich eine umfassende Rundsicht bietet. Auf dem Herweg zurück, vor dem erwähnten Parkplatz rechts und über Stufen hinunter zur Straße, die rechts zum Tor von *Sigmundskron* führt.

Auf der Schloßstraße abwärts zur *Südtiroler Weinstraße*. Rechts, die ehemalige Überetschbahn (Bozen–Kaltern) kreuzen, zur Staatsstraße 42 und in spitzem Winkel links in die Ortschaft *Frangart*.

Vor der Kirche links. Auf der *Sepp-Kerschbaumer-Straße* ansteigen. Durch die Unterführung der Überetschbahn und auf dem geteerten Fahrweg bleiben. Weiter oben links halten durch Rebgärten zur Höhe. Abschließend leitet uns der Kirchturm von Girlan zum Ausgangspunkt.

Sigmundskron: Um die ursprüngliche Hochburg mit der Kapellenruine erwuchs unter Herzog Sigmund ab dem späten 15. Jh. die spätere Festung. In der unteren Vorburg ein Restaurant sowie der mehrgeschossige »Weiße Turm«. Am 17. 11. 1957 demonstrierten auf Sigmundskron 35 000 Menschen für die Autonomie Südtirols

Frangart: Hier steht das Geburtshaus des Südtiroler Freiheitskämpfers Sepp Kerschbaumer. Er starb am 7. 12. 1964 im Kerker von Verona

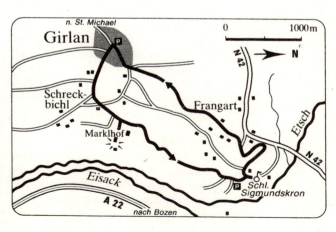

23

Auf Schusters Rappen in die Eiszeit

Ein Naturlehrweg verbindet die Hauptsehenswürdigkeiten in der nächsten Umgebung von St. Michael/Eppan und läßt uns das Naturwunder der Eislöcher erleben

Ausgangspunkt: Rathausplatz von St. Michael/Eppan
Weglänge: 6 km
Gehzeit: 1¾ Stunden
Steigung: 200 m
Wanderkarte: Freytag-Berndt-Wanderkarte 1:50 000, Blatt 1

Einkehrmöglichkeit: Buschenschank-Brotzeitkeller, Steinegger, Stroblhof

St. Michael: Hauptort der Großgemeinde Eppan, die sich auf einer Fläche von mehr als 60 km² ausdehnt und rund 270 km markierte Wanderwege besitzt. Die Broschüre »Naturlehrwege in Eppan« ist kostenlos im Verkehrsverein erhältlich

In *St. Michael* vom Rathausplatz (Wege-Übersichtstafel) über die Durchgangsstraße in die Kapuzinerstraße. Vor dem Sportplatz links mit der Markierung ST. Nach 100 Metern rechts und nun den Kreuzwegstationen folgend (oder links davon auf schmalerem Weg). Nach 20 Minuten sind wir bei der 1720 erbauten *Gleifkirche,* einem herrlichen Aussichtsplatz (auf der Rückseite der Kirche interessante Gletscherschliffe).

Anschließend mit den 1978 restaurierten Kreuzwegstationen 5 Minuten zurück, dann links und wieder bergan, vorbei am Buschenschank-Brotzeitkeller auf der Straße zum »*Steinegger*«, einem traditionsreichen Gasthaus mit eigenem Weinbau. Probieren Sie den sehr zu empfehlenden »Strahler« einmal!

Am Gasthaus links vorbei, kurz darauf erneut links, jetzt mit Weg 7a in Richtung Eislöcher (Wegweiser). Durch Laubwald zum *Furklauer Bach.* Etwas ansteigen, worauf sich der Weg senkt. Man hält sich rechts und achtet auf die Markierungen.

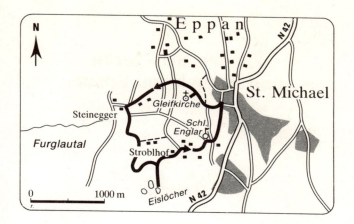

Es wird kühler! Wir kommen in die *Eislöcher*. Von Eppan 1¼ Stunden, vom »Steinegger« ½ Stunde.

Auf dem Weg zurück, an der Gabelung rechts mit der Nummer 15 zu einem Querweg. Auf ihm links durch den Wald und schließlich rechts haltend zu dem sichtbar werdenden *Stroblhof,* einem von Kennern geschätzten Weinlokal, wo man gemütlich unter Weinranken sitzt; von den Eislöchern ¼ Stunde.

Anschließend auf einem Sträßchen absteigen. Links sehen wir Schloß Englar in stilreiner Gotik mit abgewalmten Giebeldächern; rechts drüben steht Schloß Gandegg mit vier Rundtürmen am Mittelbau aus dem 16. Jahrhundert. Beide Schlösser gehören Angehörigen des Grafenhauses Khuen-Belasi.

Wir spazieren am kanalisierten Bach entlang (nicht auf der Straße!). Bei einem Brunnen die Straße kreuzen und weiter neben dem Blächlein her bzw. entlang der Mauer des Kapuzinerklosters zum Sportplatz und zum Rathausplatz.

Eislöcher: Zwischen mehr oder weniger mächtigem Bergsturzgeröll strömt ein eisiger Hauch aus den Klüften. Eis schimmert hervor. Wir treffen auf Pflanzen wie Alpenrosen, Preiselbeeren, Moose und Flechten, die sonst nur in über 1000 Meter Höhe vorkommen. Im Felslabyrinth sammelt sich Regenwasser und gefriert aus bisher nicht vollständig geklärten Gründen selbst im Sommer. Das Eis und die damit verbundene Abkühlung erklären den außergewöhnlichen Pflanzenwuchs und gaben dem Platz seinen Namen

7

Zu den Schlössern und Burgen von Eppan

Burgen und Schlösser hoch über dem weinseligen Überetsch – Aussichtsplätze von einzigartiger Schönheit

Ausgangspunkt: Parkplatz beim Schloß Korb
Weglänge: 8 km
Gehzeit: 2¾ Stunden
Steigung: 450 m
Wanderkarte: Freytag-Berndt-Wanderkarte 1:50 000, Blatt 1

Einkehrmöglichkeit: Weinstadel Unterhausnerhof, Hocheppan, Boymont

Abkürzung: Von Hocheppan nach der Brücke links gehen und Weg 9a in ¾ Stunden direkt nach Boymont folgen. Dabei wird ein steiler Tobel ansteigend mit Hilfe von Drahtseilen und Holzstufen bewältigt

Diese Wanderung wird beim *Schloß Korb* (450 m) angetreten, das man von St. Pauls oder von Missian auf einer steilen Fahrstraße erreicht. Parkplätze sind etwas unterhalb des Schlosses gegenüber einem Bunker vorhanden.

Um die Ecke des Bunkers und dem asphaltierten *Hocheppaner Weg* (Nr. 9) folgen mit prächtigen Blicken auf das Weindorf Missian und über den Bozener Talkessel. Die Linksabzweigung zum Schloß Boymont (Weg 9b, ½ Std.) bleibt unbeachtet. Durch Rebengelände gelangen wir in ¼ Stunde zum *Unterpichlerhof*. Dahinter senkt sich das Sträßchen in einen Bachgraben. Im Vorblick thront Schloß Hocheppan auf steilem Porphyrkegel. Ab dem Bach heißt es wieder ansteigen. Beim *Oberen Unterhausnerhof* wird das Fahrsträßchen links verlassen. Auf steilem Fußweg mit der vertrauten Wegnummer 9 durch Laubwald hinauf zur mittelalterlichen Burg Hocheppan. Vom Parkplatz 50 Minuten.

Die Burg wieder verlassen, über die

Brücke, an einem Vorwerkturm (»Barbakane«) vorbei und auf Weg 9 ansteigen im Laubwald. Dabei ergeben sich großartige Tiefblicke auf Schloß Hocheppan. Der Weg ist streckenweise felsig. Nach 35 Minuten betreten wir die *Perdoniger Straße*.

Auf der Straße links in südlicher Richtung. Nach ¼ Stunde zweigt rechts ein Sträßchen ab (zum Gasthaus Pichler). Wir folgen jedoch der Straße noch 10 Minuten, um sie dann links mit Weg 9a zu verlassen. Den Markierungen folgend abwärts, vorbei an einem kleinen Häuschen in einen wildromantischen, felsdurchsetzten Waldtobel. Links über einen Bach, kurzer Gegenanstieg. Anschließend auf und ab mit einem stellenweise ausgesetzten, geländergesicherten Steig über einem wilden Tobel. Abschließend steiler Anstieg zur Ruine der *Burg Boymont*. Von Hocheppan 1¼ Stunden.

Vom Burgtor auf breitem Weg in 20 Minuten hinunter zum asphaltierten Fahrsträßchen und rechts zum *Schloß Korb*, einem Hotel-Restaurant.

Hocheppan: Burg aus dem 12. Jh., einst Sitz der Grafen von Eppan. Die Fresken in und an der Kapelle werden den bedeutendsten Kunstwerken des deutschen Kulturraumes zugerechnet

Boymont: Um 1230 erbaut mit einem 25 m hohen Bergfried (Aussichtsplattform). Sitz von Ministerialen der Eppaner Grafen; eine der geräumigsten Wohnburgen Südtirols, im 15. Jh. durch Brand zerstört, 1977/78 beispielhaft restauriert

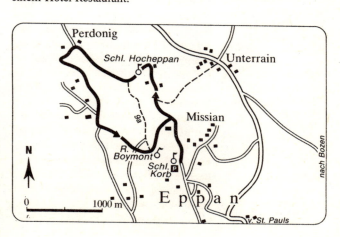

8
Auf der Eppaner Aussichtspromenade

*Der aussichtsreiche Eppaner Höhenweg
ist eine besonders reizvolle Route
zu den Schlössern*

Ausgangspunkt:
St. Michael/Eppan.
Der Ort wird von
der Südtiroler Weinstraße berührt; von
Bozen 10 Kilometer,
von Kaltern 5 Kilometer. Busverbindungen
Weglänge: 17,5 km
Gehzeit: 6 Stunden
Steigung: 900 Meter
Wanderkarte: Freytag-Berndt-Wanderkarte 1:50 000, Blatt 1

Vom *Rathausplatz* wie bei Wanderung 6 (ohne Abstecher zur Geifkirche) in 35 Minuten direkt zum *Gasthof Steinegger*. Am Gasthaus links vorbei, einige Schritte zu einem Trafohäuschen, bei dem rechts der Weg (Nr. 7) zum *Gasthof Matschatsch* (881 m) abzweigt, den wir ½ Stunde später erreichen. Auf der *Mendelstraße* 300 Meter bergan zur sogenannten »Michaeler Riebn«, einer Haarnadelkurve (Kehre 6). Hier beginnt der *Eppaner Höhenweg*. Nicht auf dem Forstfahrweg, sondern unterhalb auf einem Fußweg durch den Hangwald in nördlicher Richtung, bis man auf ein asphaltiertes Sträßchen stößt. Auf ihm links in wenigen Minuten zum *Gasthof Buchwald*.

Weiter auf breitem Weg (Nr. 10). Rechts unten steht das Gasthaus Pichler. Wir bleiben auf der Höhe und kommen schließlich zum *Gasthaus Wieser;* von Buchwald ¾ Stunden.

Hinunter zur Perdoniger Straße. Rechts, vor den Häusern links in den Weg 9 einschwenken. Durch Wald auf dem stellenweise felsigen Weg absteigen zur *Burg Hocheppan*. Von Buchwald 1¼ Stunden.

Nun entweder auf Weg 9a (s. Wanderung 7) zum Schloß Boymont, oder weniger anstrengend mit Weg 9 in 10 Minuten hinunter zum *Oberen Unterhausnerhof*. Dort rechts auf dem Sträßchen. Bald sehen wir rechts oben Schloß Boymont. Im Vorblick wird Schloß Korb sichtbar, halblinks zeigt sich der alles überragende Kirchturm von St. Pauls; linker Hand die Ruine Sigmundskron und das vom Dunst überlagerte Bozen. In leichtem Gefälle führt das Sträßchen aussichtsreich zu einem Bunker etwas unterhalb von *Schloß Korb*. Vom Gasthaus Wieser etwa 1 Stunde.

Steil bergab zu der Straße, die von Missian nach St. Pauls hochführt. Wir folgen ihr aber nur einige Schritte, und biegen dann rechts in die *Missianer Straße* ein. In der Folge auf dem *Aich-Weg* und durch das Sträßchen *Krafuss* zurück nach *St. Michael*.

Einkehrmöglichkeit: Gasthof Steinegger, Gasthof Buchwald (Montag geschlossen), Gasthaus Wieser, Hocheppan, Schloß Korb

Bemerkung: Man kann von Schloß Korb auch nach St. Pauls marschieren und von dort mit dem Bus nach St. Michael fahren

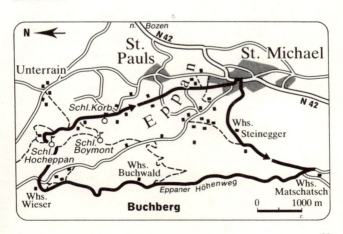

Kaltern: Aussichtswanderung nach Altenburg

Der Kalterer Höhenweg verbindet Kaltern mit der geschichtsträchtigen Umgebung von Altenburg. Unterwegs begeistern großartige Ausblicke zum Kalterer See und auf die Dolomiten

Ausgangspunkt: Rathaus von Kaltern
Weglänge: 11 km
Gehzeit: 4½ Stunden
Steigung: 400 m
Wanderkarte: Freytag-Berndt-Wanderkarte 1 : 50 000, Blatt 7

Einkehrmöglichkeit: Altenburg

Bemerkungen: In Altenburg lohnende Abstecher zur Kirchenruine St. Peter und in die Rastenbachklamm (s. Tour 10)

Von der Kirche Mariä Himmelfahrt auf dem *Paterbühel* steil bergan und oben auf dem Mühlenweg weiter. Nach 5 Minuten steht links *Schloß Salegg* (privat). Vor der Kirche rechts noch kurz bergan zu einem Trafoturm. Von dort mit Weg 15a in Richtung Oberplanitzing (Wegweiser). Nach insgesamt ¼ Stunde teilen sich die Wege bei der Pension Mendelblick. Halblinks mit Nummer 15a. Ansteigend durch Reben, etwas weiter oben rechts und nun fast eben dahin, an einem einzelnstehenden Haus vorüber zu einer Wegteilung. Erneut links halten, jetzt auf dem *Tröpfeltal-Wanderweg* (Nr. 17) in Richtung Kalterer Höhe. Auf einem Pfad im urwüchsigen Tröpfeltal zur *Mendelstraße*. Einige Schritte davor links auf dem *Ziegensteig-Wanderweg* (Nr. 16) ein Stück parallel zur Straße, dann etwa 50 Meter auf der Straße, worauf rechts ein steiler Hangpfad abzweigt, auf dem wir an Höhe gewinnen. Rechts an einem Wasserbehälter vorüber, links über ein Bächlein und mit der rotweiß-roten Markierung zur Mendelstraße, die schräg links überquert wird. Bei einer Forstschranke (1 Std. von Kaltern) beginnt der *Kalterer Höhenweg,* dem wir zunächst 1¼ Stunden bis zum Tunnel der Mendelbahn folgen. Etwa ½ Stunde nach dem Mendelbahn-Tunnel, noch auf dem Höhenweg, besteht wiederholte Gelegenheit, links nach Kaltern abzusteigen (Weg 538). Wir folgen dem Forststräßchen 2 Minuten, biegen dann links in einen Pfad ein, kreuzen 10 Minuten später ein Waldsträßchen schräg rechts und gelangen in weiteren 10 Minuten zum Forsthaus am ehemaligen *Ziegelstadel.* Über den *Altenburger Bach* und wenige Schritte danach links in den Weg 9f einschwenken, der sich nach *Altenburg* zum Sonnegghof senkt; von Kaltern 3½ Stunden.

Auf der Straße links zum Altenburger Bach. Etwa 250 Meter danach links in den weiß-rot-weiß markierten Weg 1A. Wenig später rechts, parallel zur Straße, die nach ½ Stunde bei einer Bushaltestelle wieder betreten wird. Auf der Straße in ½ Stunde nach *Kaltern.*

Kaltern, weinberühmt über die Landesgrenzen hinaus, ist der Hauptort des Überetsch, jener welligen, fruchtbaren, rund 200 Meter über dem Etsch- und Eisacktal aufgebauten Landschaft mit mediterranem Charakter, die man auch das Südtiroler Adelsparadies nennt. Beste Anfahrt: Von Bozen auf der Südtiroler Weinstraße über Eppan; 15 Kilometer, regelmäßige Busverbindungen (ab Bozen Busbahnhof)

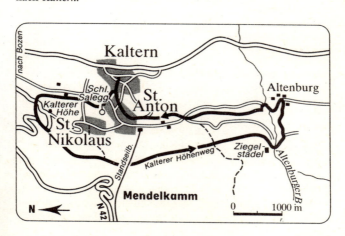

10
Zur Brotzeit auf den Gummererhof

Jausenstationen gibt es in der Umgebung von Kaltern viele, eine der schönstgelegenen ist der Gummererhof

Ausgangspunkt: Restaurant Sonnegghof in Altenburg
Weglänge: 6,5 km (ohne Abstecher)
Gehzeit: 2¼ Stunden
Steigung: 300 m
Wanderkarte: Freytag-Berndt-Wanderkarte 1:50 000, Blatt 7

Einkehrmöglichkeit: Gummererhof

Altenburg: Südwestlich von Kaltern in einer Höhe von 612 Metern zu Füßen des Mendelkammes oberhalb des Kalterer Sees gelegen; von Kaltern zu Fuß etwa 1 Stunde auf Weg 11. Parkplätze vor dem Restaurant Sonnegghof

Auf Weg 9f bergan in ½ Stunde zum *Kalterer Höhenweg,* der unweit des Altenburger Baches (altes Steinbogenbrückchen) betreten wird.

Links und bergan in 10 Minuten zu einer Weggabel, wo rechts der Steig 523 zur Überetscher Hütte abzweigt. Für uns gilt jedoch die Nummer 9. Etwa ¼ Stunde später heißt es aufpassen: Der Kalterer Höhenweg wendet sich vom breiten Weg halblinks als schmaler Pfad ab, gekennzeichnet durch rot-weiß-rote und gelbe Markierungszeichen an den Bäumen. Nach 10 Minuten führt links ein Stichpfad hinaus zu einer Aussichtskanzel. Jetzt dauert es nicht mehr lange, bis sich der Weg endgültig senkt. Durch einen Hohlweg gelangen wir zur *Jausenstation Gummererhof* in balkonartiger Lage über dem Etschtal; von Altenburg 1½ Stunden.

Neben dem Hof auf Weg 10 an einem Wetterkreuz vorbei absteigen in 10 Minuten zu einem Fahrsträßchen. Auf ihm links, den Klammerhof passieren und in genußvoller Wanderung (Markierung: FZ)

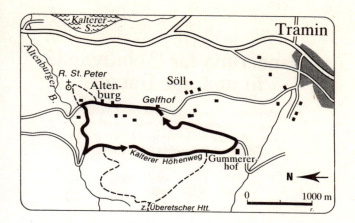

durch Laub- und Nadelwälder zum *Gelfhof* und weiter nordwärts auf einer Straße in 20 Minuten nach *Altenburg*.

Ein lohnender Abstecher führt vom Restaurant Sonnegghof in wenigen Minuten zur *Vigiliuskirche*.

Links neben der Kirche geht es zu einem großartigen Aussichtsplatz. Anschließend in den Laubwald und abwärts, stellenweise felsig, dann über Holzstufen zu den Resten der bereits 1313 erwähnten Verbindungsbrücke. Hier rechts, kurz darauf links auf schmalem Weg hinauf zur Kirchruine St. Peter; rechts daneben eine frühchristliche Opferstätte, einige Meter davon entfernt ein vorchristlicher Schalenstein (Informationstafeln).

Zurück zur Brücke. Jenseits steil abwärts (Holzgeländer) in eine Schlucht. Dort links in die wildromantische *Rastenbachklamm,* die durch eine Steiganlage erschlossen ist. Wir kommen am »Knappenloch« (rechts im Fels) vorbei und gelangen hinauf zur Straße, die links nach Altenburg führt.

Vigiliuskirche: 1288 erstmals erwähnt. Gotischer Bau mit wertvoller Ausstattung (Flügelaltar, Kanzel). An der Westseite, rechts neben dem Eingang, ein Bild der hl. Kummernus am Kreuz mit Vollbart, der sie vor aufdringlicher Nachstellung geschützt haben soll. Dem Geigerlein zu ihren Füßen wirft sie einen Schuh zu, was mit einem Detail ihrer Legende zusammenhängt

11
Wanderung für Weinfreunde in und um Tramin

*Im angeblichen Ursprungsort des Gewürztraminers,
den ein unverwechselbares Sortenbukett
auszeichnet, und mit dem nur 2 Prozent der
Südtiroler Rebflächen besetzt sind*

Ausgangspunkt: Rathausplatz bei der Pfarrkirche von Tramin
Weglänge: 4 km (ohne Abstecher)
Gehzeit: 1 Stunde
Steigung: 100 m
Wanderkarte: Freytag-Berndt-Wanderkarte 1:50 000, Blatt 7

Abstecher: Vom Rathausplatz auf der Payerstraße kurz südwärts, dann rechts in die Schneckenthaler Straße und durch »Bethlehem«, den ältesten Ortsteil von Tramin. Die Häuser 6 bis 12 sind die sogenannten »Traminer Grafenhäuser«, einstmals Besitz der Freiherren von Langen-

Mittelpunkt des weit über die Grenzen Südtirols und Italiens hinaus bekannt gewordenen Weinortes Tramin (9 km südlich von Kaltern, Busverbindungen) ist der Rathausplatz. Unweit davon die stattliche Pfarrkirche (neugotisches Langhaus, sehenswerte Chorfresken) mit dem höchsten (83,5 m) bis zur Spitze gemauerten Kirchturm Südtirols.

Vom Rathaus südwärts in die *Julius-von-Payer-Straße*. Rechts steht das Payerhaus (Nr. 6), Stammsitz der Familie von Payer, aus der Julius Ritter von Payer (1842–1915), Alpenerschließer und Nordpolforscher, hervorging.

Abwärts gelangen wir bis vor das Weingut Walch. Ein Vorfahr dieser Familie radelte 1898 in die Schweiz, um dort den Traminer Wein bekannt zu machen und zu verkaufen, wie der heutige Besitzer schmunzelnd erzählt.

Rechts biegen wir anschließend in die *Andreas-Hofer-Straße*. Vorbei an beachtenswerten Ansitzen. In 10 Minuten sind wir am *Schweigglpaß*, wo rechts ein Weg

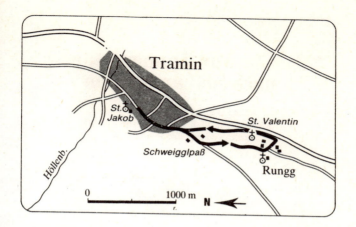

(Nr. 5) nach Graun abzweigt. Wir bleiben auf der Straße und erreichen nach insgesamt 25 Minuten die Kirche von *Rungg*. Hier wurde ein Figurenmenhir gefunden, der die Annahme unterstreicht, daß das Gebiet schon in vorchristlicher Zeit besiedelt war.

An der folgenden Gabelung links abwärts. Bei Haus Nr. 12 scharf links und weiter bergab. Etwa 100 Meter vor der Südtiroler Weinstraße links in einen Fahrweg einschwenken und auf ihm zur Weinstraße, die zur nahen Friedhofskirche (seit 1797, vorher war der Friedhof in Tramin neben der Pfarrkirche) St. Valentin leitet; ursprünglich frühgotisch, spätromanischer Turm, Fresken der Bozener Schule (1380–1430). Für die lohnende Besichtigung bekommt man die Schlüssel bei Josef Sinner, Weinstraße 2.

Auf dem *St.-Valentin-Weg* am Friedhof vorbei durch Weingärten zur Andreas-Hofer-Straße und rechts wieder ins Zentrum von *Tramin,* dem Ausgangspunkt unserer Wanderung.

mantel, Augsburger Kaufleute. Weiter auf der Straße bergan zur zweischiffigen Kirche St. Jakob auf Kastelaz (in der Apsis romanischer Freskenzyklus, gotischer Schnitzaltar) aus dem 12. Jahrhundert; Schlüssel, Postkarten und Kirchenführer-Broschüre im Haus Nr. 17 neben der Kirche. Vom Rathausplatz etwa 20 Minuten

12

Von Tramin nach Söll und Graun

Zu Aussichtsbalkonen über den sonnenverwöhnten Rebfluren von Tramin an der Südtiroler Weinstraße

Ausgangspunkt: Rathausplatz in Tramin
Weglänge: 13 km
Gehzeit: 4 Stunden
Steigung: 600 m
Wanderkarte: Freytag-Berndt-Wanderkarte 1:50 000, Blatt 7

Vom Rathausplatz (s. auch Wanderung 11) abwärts, an der Kirche vorbei und bei der Straßengabel halblinks in die *Hans-Feur-Straße*. Nach 500 Metern eine Querstraße kreuzen, den Höllentalbach überschreiten und jenseits auf dem Fußweg neben der Straße her bergan in ½ Stunde zum »Plattenwirt« in der alten Siedlung *Söll* mit dem Expositurkirchlein St. Mauritius.

Anschließend steiler bergauf. Das Feuerwehrhaus bleibt zurück. Mit dem asphaltierten Fahrweg zur Höhe. Vom Rathausplatz knapp 1 Stunde.

Vor dem ersten Haus (Gelfhof) links in spitzem Winkel in die Forststraße Zoggler: Markierung rot-weiß-rot mit FZ auf dem weißen Band. In 25 Minuten zum Klammerhof (unmittelbar danach Rechtsabzweigung zur Jausenstation Gummererhof, ¼ Std.). Weiter auf dem Forststräßchen in die Schlucht des *Höllentalbaches*. Die Südrichtung wird beibehalten. Bald haben wir links die Wiesen des Zogglerhofes. Von Tramin 2 Stunden.

Eilige können von hier auf Weg 6

durch Buschwald direkt absteigen nach Tramin. Lohnender ist aber die Fortsetzung der Wanderung auf dem Forststräßchen in südlicher Richtung über den *Klabererhof* in ¾ Stunden nach *Graun* (823 m), einer Fraktion von Kurtatsch.

Beim Dorfbrunnen biegen wir von der Asphaltstraße links ab und folgen dem *Lochweg* (Nr. 5) abwärts durch das *Grauner Loch* zum »Wanderweg Kastelaz« (Markierung: WK). Mit diesem Weg nahezu eben in nördlicher Richtung durch den *Bannwald* mit vereinzelten Felspartien. Vom Hexenbichl bietet sich ein großartiger Blick über Tramin und das Etschtal.

Durch Laubwald kommen wir zu einem aufgeforsteten Kiefernwald. Anschließend steil abwärts, unten dann rechts und zur sehenswerten Kirche *St. Jakob auf Kastelaz,* für die man nebenan im Haus Nr. 17 den Schlüssel erhält.

Nun südwärts auf der Straße durch Weingärten hinunter zur Schneckenthalerstraße in Tramin und zum Rathausplatz.

Einkehrmöglichkeit: Graun

Bemerkung: Nach der Begehung dieser Tour erhält man das Traminer Wanderabzeichen im Verkehrsbüro am Rathausplatz

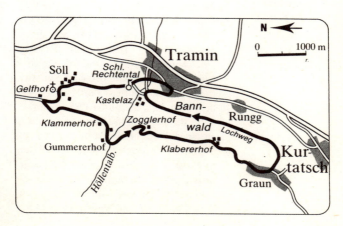

13

Vom »Boarenwald« auf den Mendelkamm

*Der Corno di Tres ist einer der höchsten
Gipfel des südlichen Mendelkammes.
Wir besteigen ihn vor der zünftigen Einkehr
im Gasthaus Boarenwald*

Ausgangspunkt:
Waldschänke
Boarenwald
Weglänge: 10 km
Gehzeit: 4½ Stunden
Steigung: 800 m
Wanderkarte: Freytag-Berndt-Wanderkarte 1:50 000, Blatt 7

Bemerkung:
Trittsicherheit
erforderlich

Vom Gasthaus auf der Straße etwa 5 Minuten in Richtung Kurtatsch, bis im Vorblick der heruntergekommene Renaissance-Ansitz Fennhals auftaucht. Von rechts kommt Weg 7 (Penon/Entiklar) herauf, dem wir links auf der anderen Straßenseite durch eine Wiese zum Wald folgen. Bergan. Wir passieren die letzte Trinkwasserquelle. Weiter im Mischwald auf dem *Sattelsteig* bergwärts. Etwa ½ Stunde später verschmälert sich der Weg. Durch lichten Föhrenwald geht es steil hinauf zum *Carliegg* (1370 m), einem vorgeschobenen Hangrücken. Es folgt eine weitere Steilstufe, und wir erreichen das *Gemeindeegg* (1510 m), einst Sommerfrische (in Laubhütten) Kurtatscher Familien; vom Ausgangspunkt 1½ Stunden.

In der Folge muß ein steiler Grashang ansteigend traversiert werden. Der im Sommer 1978 angelegte Alpenvereinssteig ist gut auszumachen. Von der Wiesenterrasse ergeben sich herrliche Ausblicke zur Salurner Klause sowie auf die Dolomiten. Weiter auf dem Sattelsteig in etwa 40 Minuten in den *Fennhalser Sattel* (1720 m) auf der sogenannten »Schneid«, dem Kamm zwischen Corno di Tres und Grauner Joch. Die Aussicht von der nahen Kuppe steht dem berühmten Blick vom Penegal nicht viel nach.

Eine Tafel zeigt zum »Corno«, das heißt, wir steigen vom Sattel in südwestlicher Richtung an über den Kammrücken der »Schneid« in 40 Minuten zum *Corni di Tres* (1812 m), von wo die Aussicht noch umfassender ist. Vom Ausgangspunkt 2¾ bis 3 Stunden.

Jetzt nicht auf dem Herweg absteigen, sondern links davon nordwärts in wenigen Minuten zum Weg 503, dem wir links durch den Wald folgen in ½ Stunde zum *Fenner Joch* (1563 m). Dort vertrauen wir uns dem *Rätherstieg* an. Er senkt sich als Weg 3 in die Etschtalseite des Kammes. In Kehren geht es steil abwärts, streckenweise felsig, dann im Wald zur *Rotwand*. Dort wendet sich die Route links und liefert uns nach ¼ Stunde auf der Straße ab. Auf ihr links in ½ Stunde zurück.

»**Boarenwald**«: eine im Sommer bewirtschaftete Waldschänke auf der Höhe des Fennberges, dem Mendelgebirge vorgelagert. Anfahrt von Kurtatsch auf asphaltierter Straße in Richtung Fennberg

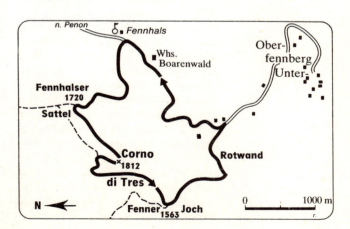

14

Burgenwanderung zur »Maultasch«

»Maultasch« heißt die Burgruine Neuhaus im Volksmund, im Gedenken an die letzte Tiroler Fürstin Margarethe Maultasch

Ausgangspunkt: Terlan, Gasthof Oberhauser
Weglänge: 4 km
Gehzeit: 1¼ Stunden
Steigung: 150 m
Wanderkarte: Freytag-Berndt-Wanderkarte 1:50 000, Blatt 1

Terlan ist durch seinen Wein berühmt geworden und liegt an der stark befahrenen Staatsstraße 38 zwischen Bozen (9 km) und Meran (19 km); Bahn- und Busverbindungen

Vom Gasthof (Bushaltestelle, 5 Minuten vom Bahnhof der Strecke Meran – Bozen) durch die Fußgängerunterführung zur anderen Straßenseite und zur Pfarrkirche Mariae Himmelfahrt (hochgotischer Chor, prächtiger Freskoschmuck). In die Kirchgasse und ¼ Stunde bergan bis zu einem Schlößchen, dem *Ansitz Liebeneich* der Grafen Enzenberg.

Hier rechts in den *Margarethenweg* (Weg 9) einschwenken. Unser Blick richtet sich auf den Ruinenstumpf von Neuhaus. Wir traversieren den aussichtsreichen Rebenhang auf einer Straße. Vom letzten Haus weiter auf einem geteerten Fußweg. Danach die Straße Terlan – Mölten überqueren. In der Folge auf dem rechten, unteren Weg (oberer Weg ist Nr. 9 zum Tschögglberg), dem Maultasch-Margarethen-Weg, einer genußvollen Promenade mit schönen Ausblicken auf Terlan und über das Etschtal. Bachtobel werden auf Holzstegen überschritten. So schlendern wir etwa 25 Minuten eben dahin. Dann folgt ein Steilstück, streckenweise ausgesetzt (Eisengeländer), etwas felsig, in 10 Minuten zum unteren Vorhof von *Burg Neuhaus,* die seit dem späten 18. Jahrhundert dem Verfall preisgegeben ist. Von Terlan 1¼ Stunden.

Die Burg scheint aus dem Fels zu wachsen, dürfte um 1220 entstanden sein durch die Grafen von Tirol, wurde 1274 in der Fehde zwischen Graf Meinhard II. und Bischof Heinrich von Trient zerstört, ein halbes Jahrhundert danach wieder aufgebaut, und war Mittelpunkt eines Gerichtsbezirkes, welcher Terlan, Vilpian, Nals und Andrian einschloß. In der Südmauer des mächtigen Bergfriedes erinnert ein tiefer Riß an das Erdbeben von 1976. Burgenbautechnisch interessant ist die (künstlich erweiterte) Felskluft, welche die untere Vorburg mit einem einstmals zweigeschossigen Gebäude auf der Nordwestseite verbindet. Auf dem Herweg zurück. Nach 5 Minuten an der Wegegabel links und in weiteren 5 Minuten hinunter zur Staatsstraße. Auf ihrer rechten Seite zurück nach *Terlan.*

Weißterlanerrebe: kommt praktisch nicht mehr vor; das Erzeugungsgebiet ist über die ursprünglichen Anbaubereiche – Terlan, Nals, Andrian – ausgedehnt worden bis nach Kaltern. Heutzutage besteht der »Weißterlaner« zu 50 Prozent aus der Weißburgunderrebe

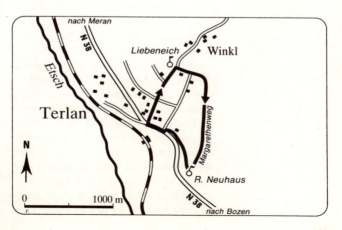

15

Im Wanderparadies von Vöran

Auf der Ostseite des Etschtales erheben sich bei Burgstall waldbestandene Steilflanken, hinter denen sich die Wanderreviere von Vöran verbergen

Ausgangspunkt: Bergstation der Seilbahn von Burgstall
Weglänge: 8,5 km
Gehzeit: 2½ Stunden
Steigung: 400 m
Wanderkarte: Freytag-Berndt-Wanderkarte 1:50 000, Blatt 1

Einkehrmöglichkeit: Rohrer, Grüner Baum

Bemerkung: Die Seilbahn hat von 12.00 bis 14.00 Uhr Betriebsruhe

Von der *Seilbahn-Bergstation* in 5 Minuten zur Pfarrkirche von *Vöran*. Von dort zum Gemeindehaus (Rathaus). Kurz danach zweigt unsere Route (Weg 13) halbrechts ab. Wir folgen dem Asphaltsträßchen, kommen nach 20 Minuten am *Unterwegerhof* vorüber, passieren 5 Minuten später eine rötliche Felswand und sind beim *Untersteinerhof,* so benannt, weil er unter dem »Stein« (Fels) steht.

Vor dem Kompatschbach (jenseits das alte Haus des »Kartner) geht es links weiter zum mehrhundertjährigen *Hof Plank.* Wir bleiben diesseits des Baches. Etwas später sehen wir rechts drüben einen weiteren Einödhof. Nach dem Holzgatter auf schmalem Wiesenweg. Etwas später links halten, aufwärts an einem Bachrinnsal entlang. Vor einer wilden Felsschlucht rechts über das Bächlein. Etwas weiter oben rechtshaltend am Waldsaum. Einen Zaun übersteigen und danach wieder auf gut erkennbarem Weg. Kurz darauf scharf rechts über ein Bächlein und hinauf zum *Gehöft Spitaler.* Von

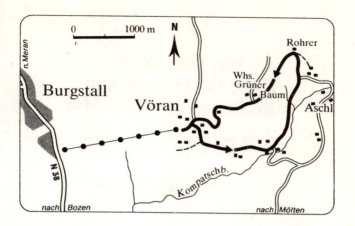

dort links zum »*Gargazoner*«, wie der Bauer mit Hofnamen heißt. Halbrechts sehen wir die Kirche von Aschl. Auf der Straße angekommen, sind wir 1¼ Stunden unterwegs.

Auf der anderen Straßenseite mit Weg 16 A in guten 5 Minuten zur *Jausenstation Rohrer* (kürzer, aber weniger schön ist der Weiterweg links auf der Straße). Beim »Rohrer« spitzwinkelig links und mit der R-Markierung in 10 Minuten wieder zur Straße, der wir jetzt rechts folgen zum *Gasthaus zum grünen Baum*.

Wenig später verlassen wir die Straße halblinks mit dem alten Wanderweg 1. Abwärts. Wieder auf der Straße, geht es etwa 50 Meter rechts, worauf uns links ein Wiesenweg übernimmt. Rechts unserer Route folgt ein stattlicher Bauernhof, hinter dem sich der rötliche Beimsteinerkogel erhebt.

Wir halten uns links und kommen zum Gasthaus Oberwirt. Ein Stück weiter unten die Hauptstraße kreuzen und direkt nach *Vöran* bzw. zur Kirche.

Vöran liegt am westlichen Rand des Tschögglberges zum Etschtal hin; Seilbahn von Burgstall, Straße von Terlan über Mölten (Busse) Der Ort war schon in vorchristlicher Zeit besiedelt. Seine Kirche stammt aus dem 14. Jh.; ältester Bauteil ist das Langhaus; barocke Umbauten (Tonnengewölbe, Seitenkapelle)

16

Von Nals über Burg Payersberg zum Bittner- und Regele-Hof

Jausen- und Törggelenstationen auf der Westseite des Eisacktales

Ausgangspunkt:
Nals, Nachtigallenweg
Weglänge: 4 km
Gehzeit: 1½ Stunden
Steigung: 300 m
Wanderkarte: Freytag-Berndt-Wanderkarte 1:50 000, Blatt 1

Einkehrmöglichkeit:
Schloß Payersberg, Bittner- und Regele-Hof

Die Wanderung beginnt unweit der Raiffeisenkasse neben der Pension Kreuzwegerhof und der Bäckerei auf dem *Nachtigallenweg*. Man kann den Ausgangspunkt nicht verfehlen.

Der Weg führt uns hinauf zur Straße, die bei einem kleinen Bildstock betreten wird. Auf der Straße etwa 200 Meter ansteigen, dann in der scharfen Rechtskurve links in einen Fußweg einbiegen. Weiter oben stößt man wieder auf die Straße. Hier gehen wir links und zur nahen *Burgruine Payersberg*. Um 1600 hatte ein schwerer Brand die Anlage heimgesucht. Der Palas ist zum größten Teil verfallen, während der Bergfried – er war bewohnt – verhältnismäßig gut erhalten ist. Im vorderen Teil der Burg eine Gaststätte. Von Nals ¾ Stunden.

Auf der Fahrstraße noch etwa 10 Minuten bergan. Nach einem Wasserbecken links ab. Der breite Weg führt in den Tobel des laut tosenden, bereits von weitem hörbaren *Höllenbaches*. Anschließend mäßige Gegensteigung auf dem Fahrweg und durch Obstgärten zum »*Bittner*«, einer gemütlichen Jausenstation mit Bänken und Tischen im Freien. Von Nals 1 Stunde.

Der Abstieg vollzieht sich auf einem Fahrweg. Etwa 5 Minuten nach dem »Bittner« steht links am Weg die nächste Jauseneinkehr, der *Regele-Hof*, der von Wanderern gern besucht wird.

Weiter absteigend kommen wir zum ansehnlichen Renaissancebau der *Schwanburg*. Zwar darf sie offiziell nicht besichtigt werden, doch ein Blick in den malerischen Innenhof mit Freitreppen und Loggiengängen wird von den Besitzern stillschweigend geduldet. Gehen Sie also ruhig hinein. Der ursprünglich mittelalterliche Bau erfuhr im 14. Jahrhundert und später eine Umgestaltung; heute Kellerei und Landwirtschaft.

Von der Schwanburg sind es nur mehr 5 Minuten zum Ausgangspunkt bei der Bäckerei im Nachtigallenweg, wobei die Pfarrkirche mit ihrem romanischen Turm rechts liegen bleibt.

Bemerkung:
Wo das Tisenser Mittelgebirge ins Etschtal ausläuft, liegt das Weindorf *Nals,* behäbig in seinem Ortsbild, das etliche alte Häuser auflockern. Busverbindungen mit Bozen. Haltestelle beim »Weißen Kreuz«. Vom Bahnhof Vilpian/Nals etwa ½ Stunde zu Fuß. Anfahrt: Die Straße Bozen – Meran in Vilpian verlassen

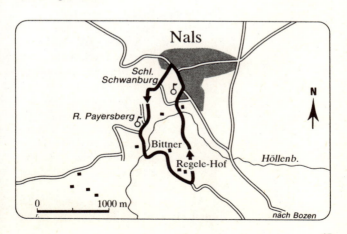

17

Zu uralten Heiligtümern und – Jausenstationen

Das Tisenser Mittelgebirge besitzt zahlreiche sehenswerte Kirchlein. Nicht minder verlockend sind die zünftigen Einkehren dieser Gegend

Ausgangspunkt: Marktplatz von Prissian
Weglänge: 12 km
Gehzeit: 4½ Stunden
Steigung: 800 m
Wanderkarte: Freytag-Berndt-Wanderkarte 1:50 000, Blatt 1

In *Prissian* (617 m) auf der jahrhundertealten Brücke über den Prissianer Bach. Danach vor der Kapelle rechts. Gegenüber von Haus Nr. 27 links. An der folgenden Wegeteilung rechts und weiter bergan. Links steht der Hof Untersandbichl. Etwas später hält man sich mit den rot-weißen Farbzeichen links. Ungefähr 50 Meter vor dem Sandbichler-Bildstock geht es halbrechts in den Wald. Markierung: W auf dem weißen Feld der Farbzeichen.

Stetig bergan auf gut erkennbarer Route. Etwa 1 Stunde nach Prissian erreicht man einen Bildstock; links unten steht der Grissianer Hof. Wir laufen direkt zum *Restaurant Schmiedlhof* (867 m).

Nun auf einem Fahrweg über den Weiler *Grissian* in 25 Minuten zum Kirchlein *St. Jakob* mit großartigen romanischen Fresken, geweiht im Jahre 1141 an der Stelle einer heidnischen Kultstätte; Kirchenführer-Broschüre im Pfarrhaus. Von Prissian 1½ Stunden.

Von St. Jakob ist im Osten bereits unser nächstes Ziel, St. Apollonia auszumachen: Den Kirchbühel hinab und an seiner Basis links halten auf breitem Weg (Nr. 7) weiter. Eine Tafel zeigt zum Gasthaus St. Apollonia.

Wir gehen den bewaldeten Tobel des Grissianer Baches aus. Die Route schwenkt bald in Ostrichtung ein. Schließlich abwärts, das Asphaltsträßchen kreuzen und zum *Gasthaus St. Apollonia.*

Auf der Rückseite des aussichtsreich gelegenen Gasthauses in wenigen Minuten hinauf zum *Kirchlein St. Apollonia,* das 1975 seiner Kunstschätze beraubt wurde. Historiker nehmen an, daß auf diesem Platz einst ein Kastell den Langobarden trutzte. Von Prissian 2¼ Stunden.

Abstieg entweder durchgehend auf der Straße über die Burgruine Payersberg nach Nals (5 km), oder von St. Apollonia auf der Straße nur 300 Meter, dann bei einer Unterbrechung der Leitplanke links mit Weg 9 nach *Sirmian* (675 m) und von dort nach Payersberg.

Etwa 200 Meter nach Payersberg am Beginn der Leitplanke rechts von der

Einkehrmöglichkeit: Grissianer Hof (Montag geschlossen), Schmiedwirt (Dienstag), St. Apollonia (Freitag), Payersberg, Nals

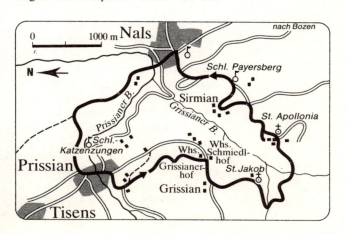

Anfahrten nach Prissian:
Von Oberlana auf der Gampenstraße 5 Kilometer zum Gasthaus Pöltner Hügel, von dort über Tisens nach Prissian; oder über Nals. Busverbindungen mit Meran – Lana

Straße herunter und das Asphaltband abkürzen. Wieder auf der Straße, folgen wir ihr noch 200 Meter. Beim kleinen Bildstock links und auf dem Nachtigallenweg in das Weindorf *Nals*. Von St. Apollonia 1 Stunde, von Prissian 3¼ Stunden.

Nals wird in Richtung Prissian verlassen. Bei den letzten Gebäuden, gegenüber von Haus Nr. 1 rechts über den Prissianer Bach, worauf uns rot-weiße Markierungen leiten. Auf dem alten, steingepflasterten Kasatscher Burgweg ansteigen. Nach ¼ Stunde gibt uns der Wald frei. Links verstecken sich die Mauerreste der Burg Kasatsch (1194 an der Stelle einer vorgeschichtlichen Wehranlage errichtet), rechts erstreckt sich auf einer 1982 gerodeten Terrasse Obstland.

Kurz danach scharf links, vorbei am Hof von Unterkasatsch. Wenige Minuten später den Fahrweg links verlassen. Die Wehrburg tritt ins Blickfeld. An der Wegeteilung rechts halten und wieder zum Fahrweg. Weiter bergan zu einer von Föhren umstandenen Lichtung. Daran links vorüber und geradeaus. Etwa 5 Minuten später ergibt sich der erste Blick auf den eigenartigen Bau vom Schloß Katzenzungen, das auf dieser Seite unbewehrt ist, während die übrigen Seiten unter dem Dach durch ungewöhnliche große Pechnasen (Gußöffnung 1,80 m) mit Schießscharten und Schießlöchern verteidigt werden konnten; Privatbesitz des Meraners Josef Pobitzer, keine Besichtigung.

Ein Fahrweg bringt uns zu den ersten Häusern von *Prissian*. Linkshaltend in den Ort und zu der im Stil der Renaissance erbauten Fahlburg (Hotel) der gräflichen Familie Brandis.

Fotos
▷ Schloß Tirol, oberhalb von Meran
▷ ▷ Merans Kurpark

Nach schöner Aussicht ins Museum

Durch Weinberge zum schönsten Aussichtsplatz über Lana – St. Hippolyt – und zum Bauernmuseum in Völlan

Beim Kirchturm in den *Brandisweg*. Etwa 5 Minuten später wird die Weinkellerei Brandis passiert. Oberhalb steht die Burgruine Brandis. Unser Weg (Nr. 5) steigt an. Linker Hand folgt Schloß Neubrandis.

Etwa ½ Stunde nach der Kirche sehen wir die Ruinen der Leonburg, ebenfalls ein Besitz der Grafen Brandis. Beim *Ackpfeifhof* zweigt rechts der direkte (steile) Weg zum Hippolytkirchlein ab. Wir bleiben jedoch auf dem breiten Weg. Bald wendet sich unsere Route scharf rechts. Hinauf zum *Gruberkeller* (Jausenstation). Bei der nächsten Wegteilung rechts halten und gut markiert zu einer freien Anhöhe mit Blick auf St. Hippolyt. Vor dem Straßenviadukt rechts, dann linkshaltend zur *Gampenstraße*. Die Straße überqueren, links an einem kleinen Weiher vorüber und auf dem Rücken, zuletzt am Mesnerhaus vorbei zum Kirchlein *St. Hippolyt*. Von Lana 1¾ Stunden.

Auf der Westseite des Kirchleins, etwas unterhalb, übernehmen uns wieder rot-weiße Farbzeichen. In felsigem Ge-

Ausgangspunkt: Pfarrkirche in Niederlana
Weglänge: 11 km
Gehzeit: 3½ Stunden
Steigung: 600 m
Wanderkarte: Freytag-Berndt-Wanderkarte 1:50 000, Blatt 1

Einkehrmöglichkeit: Gruberkeller (Dienstag geschlossen), St. Hippolyt Mesnerhaus (nur Getränkeausgabe), Obertalmühle (Montag geschlossen), Völlan

Fotos
◁ Runkelstein – beliebte Jausenstation am »Vintlertrakt«
◁◁ Auf dem Meraner Höhenweg

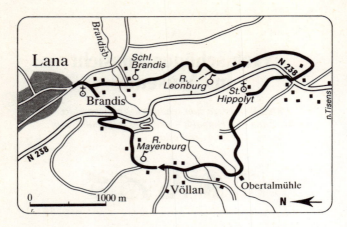

Bemerkungen:
Bauernmuseum in Völlan Di. und Fr. geöffnet, sonst Besichtigung auf Anfrage (Tel. 04 73/5 20 68)

Lana: Pfarrkirche in Niederlana mit dem größten spätgotischen Flügelaltar (»Schnatterpeckaltar«) im Alpenraum; Führungszeiten sind angeschlagen

St. Hippolyt: erbaut im 13. Jh. an einer der ältesten heidnischen Kultstätten des Etschtales; Kirchenführer-Broschüre beim Mesner, der den Schlüssel hat

lände steigen wir ab zu einer Wiese und wandern in Richtung Völlan (Wegweiser). Leichter Gegenanstieg. Links steht eine kleine Marienkapelle. Geradeaus, rechts am Obermayerhof vorbei, dann rechts und auf einem breiten Weg zur *Obertalmühle* aus dem Jahre 1501.

Auf einem Fahrweg ansteigen zum Bauernmuseum von *Völlan* (von St. Hippolyt 35 Min.). Dann nordwärts durch den Ort. In 5 Minuten sind wir bei einem Gasthof unterhalb der Ruine Maienburg.

Kurz darauf wird die Straße rechts verlassen. An der Wegteilung links mit den rot-weißen Farbzeichen. Etwa 25 Minuten nach Völlan wird ein Sträßchen betreten. Auf ihm rechts, einige Schritte vor der Gampenstraße links und auf einem Pfad endgültig zur *Gampenpaßstraße*. Talwärts der Straße folgen, bis gegenüber der Auffahrt zum Frühlingsheim rechts ein Weglein in den Hangwald eindringt. Kehrenreich hinunter zum Brandis-Waalweg, den wir kreuzen und wieder zur Kirche in *Niederlana* kommen.

19

Zu den grünen Matten der Naturnser Kuhalm

Die Höhen von St. Vigil sind im Sommer zwar zeitweise überlaufen, entfernt man sich aber von den Gemeinplätzen, erlebt man eine stille Berglandschaft

Von Oberlana fahren wir mit der Seilbahn (an der Talstation Parkplätze, unweit davon Bushaltestelle) zum Hotel Vigiljoch hinauf. Von dort geht es weiter mit dem Sessellift in eine Höhe von rund 1800 Metern am Larchbühel bzw. auf dem Marlinger Berg. Und dort wird die Wanderung angetreten.

Eine Tafel zeigt den Weg zum *Gasthaus Jocher,* das wir in 10 Minuten erreichen. Von dort lohnt sich der kurze Abstecher hinauf zum romanischen *Vigiliuskirchlein* (im Innern befinden sich restaurierte romanische Fresken) auf einer grasigen Kuppe.

Vom Gasthaus über den freien Hang abwärts (nicht rechts am Waldrand!) zu einer Schranke. Ab hier leitet uns die Wegnummer 9; außerdem zeigt eine rote Tafel zur Naturnser Alm. Im *Siebenbrunner Wald* ansteigen. Etwa 25 Minuten später teilen sich die Wege. Nun gilt für uns die Nummer 30 in Richtung Naturnser Alm.

Anschließend noch eine Zeitlang im

Ausgangspunkt: Seilbahnstation Oberlana
Weglänge: 9,5 km
Gehzeit: 3 Stunden
Steigung: 400 m
Wanderkarte: Freytag-Berndt-Wanderkarte 1:50 000, Blatt 1

Einkehrmöglichkeit:
Gasthof Jocher, Naturnser Alm (bewirtschaftet von Juni bis Oktober), Hotel Vigiljoch (an der Bergstation der Seilbahn von Lana)

Wald, danach an seinem Rand und über Wiesen in ½ Stunde nahezu eben zur *Naturnser Alm* (1922 m) in herrlicher Lage über dem Etschtal; von der Seilbahn 1½ Stunden. In der Folge gilt Weg 9 a. Er führt in südöstlicher Richtung über Wiesen bergan, überschreitet die Kammhöhe und senkt sich auf der Ultener Seite zu einem Querweg; von der Naturnser Alm etwa 20 Minuten. Links (nordostwärts) oberhalb der Waldgrenze durch grasige Hänge zum *Siebenbrunner Wald*. Über eine ausgedehnte Lichtung, an der Bergstation eines Skiliftes vorbei und abwärts. Im Vorblick zeigt sich kurz das vom Herweg bereits bekannte Vigiliuskirchlein. Nieder- und Hochwald wechseln sich ab, Alpenrosenbüsche, Heidelbeeren. Schließlich stoßen wir auf den schon bekannten Herweg und sind ¾ Stunden später wieder beim Sessellift (in den Mittagsstunden außer Betrieb!), mit dem wir zur Bergstation der Seilbahn hinunterfahren. Sie bringt uns wieder zurück nach Oberlana, unserem Ausgangspunkt.

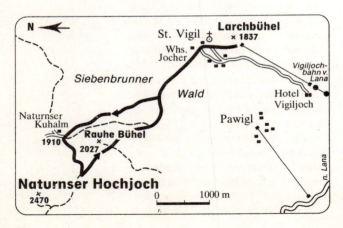

20
Von St. Nikolaus zur Kaserfeldalm

Im Ultental gibt es noch zahlreiche ursprüngliche, scheinbar weltentlegene Bergbauernhöfe und Almen

Hinter der Kirche hinauf zur Volksschule. Dann links, gleich nach dem Messnerbach rechts auf geteertem Sträßchen ansteigen zu malerischen Holzhäusern. Davor links, beim zweiten Haus (Nr. 161) rechts und über Wiesen hinauf zum Wald. Vor der ehemaligen Mühle links und steiler bergauf. An der Wegeteilung (Rastbank) links halten in gleicher Richtung weiter. Etwa 10 Minuten später steht rechts oben der Wiesfleckhof. Bei den *Zermbriglhöfen* sind wir ¾ Stunden unterwegs. Nun am Hangrand bzw. am Holzzaun entlang in 5 Minuten hinauf zu einem Sträßchen. Auf ihm links in ¼ Stunde zum Anwesen *Holz*. Vor dem Wohnhaus rechts und zu einem höher stehenden Bergbauernhof (Nr. 363). Vorbei am Materiallift zu einem Bach. Danach über eine Wiese zum nächsten Bach und zur ursprünglichen *Kaserfeldalm* (1940 m). Von St. Nikolaus nicht ganz 2 Stunden. Hangaufwärts. Bald rechtshaltend zu einer Wiese. Etwa 20 Meter nach einer Quelle folgt ein Markierungsstein; von der Alm ¼ Stunde.

Ausgangspunkt: St. Nikolaus/Ultental
Weglänge: 8,5 km
Gehzeit: knapp 4 Stunden
Steigung: 800 m
Wanderkarte: Kompass-Wanderkarte 1:50 000, Blatt 52

Einkehrmöglichkeit: Kaserfeldalm (einfach bewirtschaftet; Milch etc.)

Ultental: gehört zu den wenigen Tälern der Alpen, die alle Landschaftsformen aufweisen – von Weingärten bis zur Gletscherregion

St. Nikolaus ist eine Fraktion der Talgemeinde St. Walburg. Von Lana 26 km; Busverbindungen

Hier rechts halten und Weg 12 folgen in ½ Stunde zu einem Markierungsfelsblock am Beginn einer Wiesenlichtung. Mit Weg 12 schwach links halten auf einem Wiesenpfad in den Wald. Dort mit den rot-weißen Farbzeichen absteigen, über eine feuchte Lichtung hinweg zum Messnerbach. Von der Kaserfeldalm 1¼ Stunden.

Am anderen Ufer rechts halten. Am Rand der folgenden Lichtung einen Heuschober passieren. Etwas später bei der Sennhütte rechts und hohlwegähnlich im Hangwald abwärts. Am unteren Rand des Waldgürtels rechtshaltend zu einem Sträßchen, das gekreuzt wird.

Bei den Höfen von *Schwien* rechts, vor zwei Garagen links, unterhalb dem Stadel rechts mit einem Wiesenpfad durch den freien Hang – St. Nikolaus wird sichtbar –, über einen Bach, an einem Marienbildstock vorbei und anschließend auf schattigem Waldweg zum Messnerbach. Über die Holzbrücke und bei der ehemaligen Mühle links nach St. Nikolaus.

21

Merans berühmte Promenade zu den Waalen

Als genußvollster Spazierweg um Meran gilt der Tappeiner Weg, so benannt nach dem Kurarzt Dr. Franz Tappeiner (1816–1902) aus Laas, auf dessen Kosten die Promenade angelegt wurde

Hinter der Pfarrkirche steigen wir über Steinstufen in 10 Minuten hinauf zum *Tappeiner Weg*. Auf ihm schlendern wir durch die weingesegneten Hänge des Küchelberges in nordwestlicher Richtung und genießen die Ausblicke über den Talkessel von Meran. Bänke laden zur Rast ein, Unterstandhütten bieten Schutz vor Regen. Nach insgesamt ¾ Stunden sind wir beim *Restaurant Unterweger* mit einer Aussichtsterrasse. Kurz danach ist der Tappeiner Weg zu Ende. Wir betreten die Straße (Bus-Haltestelle), die von Gratsch hinaufführt in Richtung Schloß Thurnstein. Auf ihr etwa 5 Minuten ansteigen, worauf links (gegenüber einer Bus-Bedarfshaltestelle) der *Algunder Waalweg* abzweigt. Nun auf schmalem Weg fast eben am Waal entlang.

Rechts oben sehen wir Schloß Thurnstein, zu unseren Füßen in einem Meer von Obstbäumen die Gemeinde Algund. Bald folgt eine Linksabzweigung zum Restaurant Feigenstauder. Wenig später stoßen wir auf ein Teersträßchen. Rechts

Ausgangspunkt: Pfarrkirche Meran
Weglänge: 12,5 km
Gehzeit: 3½ Stunden
Steigung: 200 m
Wanderkarte: Freytag-Berndt-Wanderkarte 1:50 000, Blatt 1

Einkehrmöglichkeit: Gasthäuser an den Waalwegen, Algund

Bemerkung: Bei Benutzung des Busses (von der Haltestelle vor Algund, Abfahrtszeit etwa jede volle Stunde) verkürzt sich die Tour um 1¼ Stunden

Waale, künstlich angelegte Wassergräben, dienen der Bewässerung der Fluren. Auf den Wegen durften früher nur die »Waaler« gehen. Sie waren für die Ordnung und Instandhaltung verantwortlich und sorgten außerdem für die zeitlich festgelegte Berieselung der einzelnen Wein- und Obstgärten.
Der Plarser Waal ist vermutlich der älteste im Burggrafenamt und wird bereits in einer Urkunde von 1333 genannt. In der ersten Hälfte des 18. Jahrhunderts wurde er durch den Algunder Waal verlängert

einige Schritte bergan, dann links in den *Plarser Waalweg* einschwenken. Er verläuft als Weg 25a in Richtung Vellau.

Zunächst abwärts zu Haus Nr. 27. Von dort halbrechts weiter am Waal entlang, streckenweise unter einem Dach von Reben. Etwa 1½ Stunden nach Meran steht links am Weg das *Restaurant Konrad.* Ein kurzes Stück bergan. Der Hangwald ist mit Felsen durchsetzt. Wir kommen unter der Sesselbahn hindurch. Links vorne taucht Schloß Plars auf. Und 5 Minuten später sind wir bei der gemütlichen *Gaststätte Leiter am Waal;* von Meran nicht ganz 2 Stunden. Die Wanderung wird auf dem Waalweg fortgesetzt zu einem Sträßchen, das wir kreuzen. Links am Burggräfler Hof vorbei. Am Waal entlang, an einem einzelnen Haus vorüber in 10 Minuten zu einer Straße. Links hinunter zur *Bushaltestelle* über dem tiefen Flußbett der Etsch. Erneut links und auf der Straße nach *Algund,* durch das einst die römische Via Claudia Augusta verlief, und weiter zurück nach *Meran.*

22

Dorf und Schloß Tirol

Schloß Tirol, das Stammschloß des Landes, wird mit einem geschätzten Kostenaufwand von 2 Milliarden Lire als Kulturstätte ausgebaut

Hinter der gotischen Pfarrkirche St. Nikolaus geht es über Steinstufen in 10 Minuten hinauf zum *Tappeiner Weg,* der berühmtesten Promenade der beliebten Kurstadt Meran.

Jenseits auf dem Tirolersteig weiter, nach 5 Minuten am Café Fernblick vorbei. Etwa ¼ Stunde oberhalb des Tappeiner Weges verlassen wir den geteerten Weg links und sind 5 Minuten später bei der Straße (Marienkapelle), die links in ¼ Stunde nach *Dorf Tirol* leitet. Von Meran ¾ Stunden.

An der 1164 erstmals erwähnten Pfarrkirche vorbei den Tafeln folgend auf einem Sträßchen in Richtung Schloß Tirol, wobei wir durch das »Knappenloch«, einen 52 Meter langen Tunnel kommen. Danach sind rechts oben Erdpyramiden zu sehen. Linkshaltend hinauf zum *Schloß Tirol.*

Vom Eingang der Anlage links zur Gastwirtschaft Schloß Tirol. Von dort auf asphaltiertem Fahrweg nach *St. Peter* (596 m) mit einem Kirchlein aus vorkaro-

Ausgangspunkt: Pfarrkirche Meran
Weglänge: 8 km
Gehzeit: 2¾ Stunden
Steigung: 300 m
Wanderkarte: Freytag-Berndt-Wanderkarte 1:50000, Blatt 1

Einkehrmöglichkeit: Dorf Tirol, Schloßwirt, Kronsbühel, Schloß Thurnstein, Restaurant Unterweger

Bemerkungen: Bei Benutzung der Seilbahn Meran – Segenbühel verkürzt sich die Gehzeit um etwa 20 Minuten. Ab Schloß Thurnstein Busverbindung mit Meran.

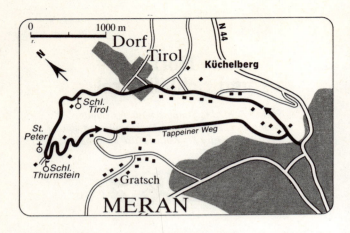

Schloß Tirol: einst Stammsitz der Grafen von Tirol; mit dem Bau der Anlage wurde 1120 begonnen. Zu besichtigen sind der »Kaisersaal« (Unterer Saal), der Obere Saal sowie die Kapelle. Die Steinmetzarbeiten an den Portalen gelten als Hauptwerke romanisch-tirolischer Kunst. In der Kapelle romanisch-gotische Fresken sowie die älteste erhaltene Glasmalerei in Südtirol (untere Apsis).
Öffnungszeiten: Dienstag bis Sonntag von 9.00 bis 12.00 sowie außer freitags und sonntags von 14.00 bis 17.00 Uhr lingischer Zeit; Schlüssel und Führungen beim Mesner.

Anschließend auf dem Sträßchen am Gasthof Kronsbühel vorbei zum *Schloß Thurnstein,* einem Hotel-Restaurant. In vorchristlicher Zeit war an dieser Stelle eine Wallburg. Das Schloß ist aus einem Wohnturm des 13. Jahrhunderts hervorgegangen. Der südliche Wohnbau wurde im 16., das unvollendete nördliche Gebäude zu Anfang des 19. Jahrhunderts angefügt.

Nun auf der Straße abwärts, am Beginn (gegenüber einer Bus-Bedarfshaltestelle) des Algunder Waalweges (siehe Wanderung 21) vorbei und in guten 5 Minuten zum Eingang des *Tappeiner Weges.* Das Restaurant Unterweger bleibt zurück. Wir schlendern auf der Promenade durch südliche Vegetation und sind etwa ½ Stunde später wieder bei den Steinstufen, die zur Meraner Pfarrkirche hinabführen. Wer jetzt noch Zeit hat, sollte die um 1450 erbaute Landesfürstliche Burg (hinter dem Rathaus) besichtigen oder das Städtische Museum (Galileistraße 5) besuchen.

23

Eine luftige Tour über dem Burggrafenland

Der Vellauer Felsenweg ist nur etwas für erfahrene Wanderer. Er führt zum »Hochmuter« – einem der schönsten Aussichtsplätze nahe Meran

Von *Dorf Tirol* in ½ Stunde zum *Schloß Tirol*. Vom Eingang zur nahen Gastwirtschaft Schloß Tirol und zu einem Wassergraben (Burggraben). Hier rechts Weg 26. In 5 Minuten zum *Schneeweißhof* (Jausenstation). Weiter über den *Lanerhof* zum Anwesen *Weißgütl*. Etwas später folgen Serpentinen. Kurz vor der Grabbachschlucht eine Rastbank. Auf einer Holzbrücke über den *Grabbach*. Die Schlucht wird ansteigend verlassen. Wir kommen zum *Birbamegghof,* einer originellen Jausenstation (Selbstbedienung).

Die Zufahrtsstraße (von Vellau) überqueren und kehrenreich bergan zum Gasthof Oberlechner und zur Kirche in *Vellau* (996 m); von Dorf Tirol etwa 1¾ Stunden. Von der Bank an der Kirche genießen wir den Blick über das Burggrafenamt und hinauf zum Vinschgau. Danach vertrauen wir uns den Wegnummern 22 und 25 an: Hinauf zum *Aicher*. Von dort nur noch mit Wegnummer 22. Erneut in den *Grabbachgraben*. In der Folge auf dem *Vellauer Felsenweg* in gleich-

Ausgangspunkt: Pfarrkirche in Dorf Tirol
Weglänge: 12 km
Gehzeit: 4¾ bis 5 Stunden
Wanderkarte: Freytag-Berndt-Wanderkarte 1:50 000, Blatt 1

Einkehrmöglichkeit: Schloßwirt, Schneeweiß, Birbamegghof, Gasthaus Hochmut, Talbaur, Tiroler Kreuz

Bemerkungen:
Die Wanderung verlangt absolute Trittsicherheit
Bei Benutzung der Seilbahn »Hochmuter« – Dorf Tirol entfällt der 1½stündige Abstieg; letzte Talfahrt 18.00 Uhr

Dorf Tirol (596 m) liegt auf der Anhöhe des Küchelberges. Die Zufahrtsstraße zweigt im Tal der Passer nördlich von Meran von der Staatsstraße 44 ab; von Meran 4,5 Kilometer; regelmäßige Busverbindungen

mäßiger Steigung, stellenweise ziemlich ausgesetzt (Sicherungsseile) im Südhang der Mutspitze in etwa 1½ Stunden zum sogenannten »Hochmuter« (1350 m), wie die Einheimischen sagen; früher ein bäuerliches Anwesen, heute der *Berggasthof Hochmut* – einer der prächtigsten Aussichtsplätze im Umkreis von Meran. Die Fortsetzung der Route erfolgt unterhalb der Seilbahnstation auf Weg 24. Er senkt sich im freien Hang und liefert uns nach ¼ Stunde beim *Gasthaus Talbaur* (1214 m) ab. Kurz danach an der Wegeteilung rechts abwärts (halblinks bergan verläuft der Meraner Höhenweg Naturns – Passeiertal), nun auf Weg 23. Wir kommen am »Untermut«, dem Lipphof (1171 m), vorbei und bleiben auf dem *Muterweg,* der schließlich – 1¼ Stunden nach dem »Hochmuter« – beim *Gasthaus Tiroler Kreuz* (806 m) auf eine Straße stößt. Hier sind wir an der Mündung des Spronser Tales aus dem Naturpark Texel-Gruppe. Die Straße leitet uns in 20 Minuten zurück nach *Dorf Tirol.*

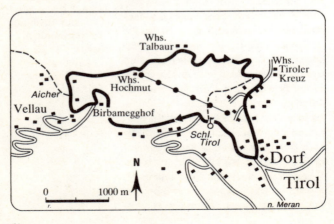

24

Auf dem Hausberg von Meran

Die Mutspitze ist der beliebteste Gipfel bei Meran – fast 2000 Meter über dem Talboden

Als erstes folgen wir Weg 24 in Richtung Hochganghaus etwa ¼ Stunde bergan. Bei einem Gatterzaun teilen sich die Wege. Nun gilt für uns die Nummer 25 (Tafel). Sie zweigt rechts ab und verläuft kehrenreich durch Niederwald empor zu den Wiesenböden der Stieralm und weiter bis unter die Wände des Kammes. Dort rechts haltend auf einem Geröllpfad in eine breite Rinne und durch sie hinauf in den »Taufen« (2195 m) – kürzester Übergang von Vellau ins Spronsertal –, wie die Taufenscharte bzw. das Karjoch von den Einheimischen genannt wird. Von der Leiter-Alm etwa 2 Stunden.

Auf der Nordseite des Kammes rechts in südöstlicher Richtung auf rotmarkiertem Steig etwas unterhalb des Kammrückens in 40 Minuten auf die *Mutspitze* (2295 m) im Naturpark Texel-Gruppe.

Vom Gipfel auf schmalem Weg über den begrasten Ostrücken in ¾ Stunden zu einem Kreuz, bei dem unser Weg (Nr. 23) auf den Bockersteig (Nr. 22) stößt. Gemeinsam in ¼ Stunde hinunter zum

Ausgangspunkt: Leiter-Alm
Weglänge: 12 km
Gehzeit: 5 bis 5¼ Stunden
Steigung: 1000 m
Wanderkarte: Freytag-Berndt-Wanderkarte 1:50 000, Blatt 1

Einkehrmöglichkeit: Gasthaus Mutkopf, Steinegg

Bemerkung: Trittsicherheit und Schwindelfreiheit notwendig

Die **Leiter-Alm** (1522 m) im Südhang des Kammes Rötelspitze – Mutspitze erreicht man am besten wie folgt: Zwischen Plars und Algund mit dem Sessellift (Parkplätze, Bus-Haltestelle) und anschließend mit einer Gondelbahn *Gasthaus Mutkopf* (1684 m). Von der Leiter-Alm 3¾ Stunden.

Weiter auf Weg 22 überwiegend durch Wald im Südosthang der Mutspitze – Tiefblicke auf Schloß Tirol und über Meran – in ½ Stunde zur *Jausenstation Steinegg* (1350 m). Von der Mutspitze 1½ Stunden. (Etwas unterhalb befindet sich beim Gasthaus Hochmut die Bergstation der Seilbahn nach Dorf Tirol; letzte Talfahrt um 18.00 Uhr. Von Dorf Tirol Busverbindungen mit Meran.)

Jetzt erwartet uns der *Hans-Frieden-Felsenweg* – ein Teilstück des Meraner Höhenweges – mit promenadenähnlichem Charakter als Wanderpfad Nummer 24. Es handelt sich um eine Stiftung des Meraner Kurgastes Hans Frieden. Wir wandern im sonnigen Südhang der Mutspitze. Eine ausgesetzte Passage ist mit einem Seil gesichert. Direkt im Vorblick haben wir den Tschigat, hinter dem sich die 3037 Meter hohe Partschinser Rötelspitze aufbaut. Und nach etwa ¾ Stunden treffen wir wieder bei der *Leiter-Alm* ein.

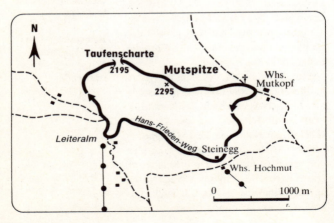

25
Zu Fuß zum Kirchlein St. Kathrein

Südöstlich von Meran, hoch über dem Talkessel, grüßt aus einer Scharte das Kirchlein von St. Kathrein

Über die Rametzbrücke und auf der Straße zum *Gasthof Steger* (gegenüber zweigt ein direkter Weg – Nr. 2 – nach St. Kathrein ab). Wir folgen noch ein kurzes Stück der Straße. Bei ihrer Gabelung – links steht eine Rastbank – wenden wir uns halblinks und folgen damit dem oberen, asphaltierten Sträßchen zum *Untereder-Hof*. Die ausgebaute Straße ist zu Ende. Auf einem Fahrweg weiter zum *Obereder-Hof*. Beim Haus Nummer 71 links, nun auf steingepflastertem Weg bergan zu einem Kreuz. Hier teilen sich die Wege: Halblinks ansteigen, streckenweise über glattgeschliffene Felsen und an einem Gehöft vorüber zur *Jausenstation Greiter-Hof* in herrlicher Lage. Nach einigen Minuten betreten wir eine Wiese. Links halten und spürbar steiler im Wald ansteigen (teilweise Geländer) nach *St. Kathrein* mit dem gleichnamigen Kirchlein, das 1251 erstmals erwähnt und im 15. Jahrhundert umgebaut wurde; von Meran 2½ bis 3 Stunden.

Wieder hinunter zum *Greiter-Hof*. An-

Ausgangspunkt: Rametzbrücke im Meraner Stadtteil Obermais an der Schennastraße; Bushaltestelle
Weglänge: 13 km
Gehzeit: 4½ bis 5 Stunden
Steigung: 950 m
Wanderkarte: Freytag-Berndt-Wanderkarte 1:50 000, Blatt 1

Einkehrmöglichkeit: Gasthof Steger, Greiter Hof, St. Kathrein, Schloß Fragsburg

Bemerkung: Durch die Seilbahn kann die Tour um knapp 3 Stunden verkürzt werden, wobei dann nur noch abgestiegen wird

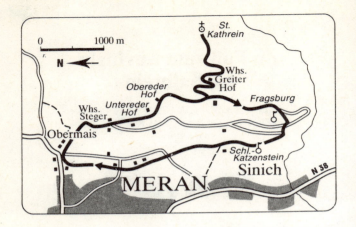

Katzenstein: Die Herren von Katzenstein werden schon im 13. Jahrhundert erwähnt; die Hauptteile der Burg stammen aus dem 16. und 19. Jahrhundert (keine Besichtigung, privat)

Fotos
▷ Das gletscherbewehrte Ortlermassiv (oben)
Die Königsspitze bei Sulden (unten)
▷ ▷ Churburg

schließend aber nicht auf dem Herweg zurück, sondern links haltend auf einem Fahrweg in ½ Stunde zur *Fragsburg* (Hotel-Restaurant) aus der zweiten Hälfte des 14. Jahrhunderts. Von St. Kathrein 1 Stunde. Vom Restaurant auf einem Wiesenpfad absteigen in den Wald und zu einem gemauerten Waal. An ihm entlang, danach mit einem Steig und steil hinab zur Fragsburger Straße, die unweit einer Kehre betreten wird. Auf der Straße in nördlicher Richtung bis kurz vor das Marienheim. Dort zweigt links ein Weg ab. Er senkt sich zu einer tiefer gelegenen Straße, über die wir abwärts *Schloß Katzenstein* erreichen.

Weiter auf der Straße, die folgende Schleife auf einem Pfad abkürzen und in den Meraner Stadtteil *Obermais*. Unter der Seilbahn hindurch – rechts Schloß Trautmannsdorf – und mit der Straße die Nordrichtung beibehalten. Etwa 10 Minuten später steht rechts Schloß Rametz (privat) inmitten von Weingärten, und kurz darauf sind wir wieder bei der *Rametzbrücke*.

26

Wo man berühmte Pferde züchtet

Hafling ist weltbekannt durch die gleichnamige Gebirgspferderasse. Aber Wanderern ist auch die Leadner Alm ein Begriff

Vom Gasthaus Haflinger Hof auf der Straße kurz südwärts. An der Gabelung links halten in Richtung Leadner Alm (Wegweiser) auf einem asphaltierten Sträßchen. Nach guten 10 Minuten steht links etwas oberhalb der Gasthof Brunner. Das Sträßchen ist identisch mit Weg 16. Nach insgesamt 25 Minuten sind wir bei den *Hinterbrunner-Höfen*. Etwa 5 Minuten danach an der Wegegabel halbrechts mit weiß-roten Farbzeichen hinunter zum *Salabach*. Am anderen Ufer linkshaltend Gegenanstieg zu einem Gatter. Danach im Wald bergauf zum nächsten Gatter, von dem es noch 5 Minuten hinauf zur Straße sind. Auf ihr rechts, nach 20 Meter links, kurz darauf eine Straße kreuzen und jenseits in guten 5 Minuten zur *Leadner Alm* (1540 m). Von Hafling 1 Stunde.

Auf dem Herweg zurück zur Straße, die gekreuzt wird. Linkshaltend mit Weg 16 (Richtung Vöran – Alpenrose) in wenigen Minuten zur asphaltierten Straße. Kurz rechts, dann mit Weg 11 in Richtung Reith (Wegweiser). Etwa 40 Minuten nach

Ausgangspunkt: Gasthaus Haflinger Hof in Hafling
Weglänge: 10 km
Gehzeit: 3 Stunden
Steigung: 400 m
Wanderkarte: Freytag-Berndt-Wanderkarte 1:50 000, Blatt 1

Einkehrmöglichkeit: Brunner, Leadner Alm, Alpenrose, Reith (einfacher Gasthof)

Fotos
◁ Partschinser Wasserfall
◁◁ Das Geburtshaus von Andreas Hofer

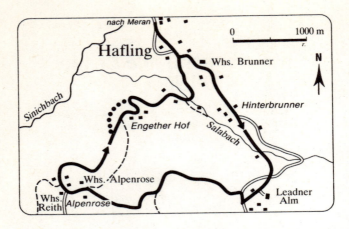

Hafling (1298 m) liegt am nördlichen Rand des Tschögglberges, einer Hochfläche zwischen Sarntal und Etschtal; Straße von Meran sowie von Terlan über Mölten; von der Seilbahn-Bergstation St. Kathrein zu Fuß 35 Minuten; Busverbindungen

der Leadner Alm steht links am Weg das Gehöft Weber. Geradeaus (nicht links zum Rotsteinkogel!), von der Waldecke noch etwa 50 Meter abwärts, dann links auf dem rot-weiß bezeichneten Weg zum *Gasthof Alpenrose*. Von der Leadner Alm 1 Stunde.

In wenigen Minuten hinunter zum Weiler *Reith*. Dort hält man sich rechts auf Weg 12 in Richtung Hafling. Wir passieren die Platten eines Gletscherschliffes. Weiter auf dem Fahrweg. Etwa 20 Minuten nach Reith tritt Hafling ins Blickfeld. An der Wegeteilung entweder links halten (kürzer) oder rechts (landschaftlich schöner) rot-weiß markiert über den Engether-Hof. In der Folge wieder gemeinsam auf breitem Weg in den Tobel des Salabaches. Abschließend 10 Minuten Gegenanstieg zum *Steinerhof*. Von dort zur Straße und auf der bereits bekannten Route zum Ausgangspunkt zurück. Westlich steht die Johannes dem Täufer geweihte, 1291 errichtete, im 17. Jahrhundert umgebaute Pfarrkirche.

Meran 2000 – keine Zukunftsvision

Meran 2000 ist ein Skigebiet, dessen grüne Matten im Sommer zu Wanderungen einladen

Vom *Hotel Gondellift* (1945 m) zur verfallenen Kirchsteiger Alm und weiter mit Weg 4 (= Teilstück des Europäischen Fernwanderweges 5) in ½ Stunde hinauf ins *Missensteiner Joch* (2128 m). Hier, beim Gebirgsjägerkreuz, beginnt der 1968 von ehemaligen Angehörigen der Gebirgstruppe angelegte Gebirgsjägersteig zum Hirzer. Sehenswert ist am Joch ein Schalenstein, im Volksmund »Hexenplatte« genannt, aus heidnischer Zeit. In derartigen Schalen wurden den Gottheiten Opfer dargebracht.

Wir wandern vom Joch ostwärts auf dem begrasten Rücken in ½ Stunde zum *Berggasthaus Kesselwand* (2300 m) in aussichtsreicher Lage oberhalb des Kesselwandjochs; Bergstation des Kesselwandjoch-Sesselliftes (vom Hotel Gondellift, im Sommer nicht in Betrieb).

Nun auf Weg 13 südwärts absteigen in den breiten Wiesensattel des *Kesselwandjoches*. Es folgt ein Gegenanstieg, rot-weiß bezeichnet, in ¼ Stunde zur Westschulter des Großen Mittager. Wer Lust hat, kann

Ausgangspunkt: Hotel Gondellift in Meran 2000. Von der Bergstation der Ifinger-Seilbahn zu Fuß 50 Minuten
Weglänge: 6,5 km
Gehzeit: 2½ Stunden
Steigung: 350 m
Wanderkarte: Freytag-Berndt-Wanderkarte 1:50 000, Blatt 4

Einkehrmöglichkeit: Berggasthaus Kesselwand, Mittagerhütte, Meraner Hütte

Meran 2000: Östlich von Meran, in einer Höhe zwischen 1900 und 2300 m gelegen. Der Liftbetrieb auf Meran 2000 ist im Sommer (1983) bis auf weiteres aus Rentabilitätsgründen eingestellt; zur Talstation der Ifinger-Seilbahn von Meran 4 km, Parkplätze, Busverbindung

den Berg vollends ersteigen: Bei der Rastbank links und über den abgeflachten Westgratrücken zum Gipfel des *Großen Mittager* (2422 m) mit umfassenden Ausblicken.

Der Weiterweg zur Mittagerhütte hält sich ab der Westschulter rechts. Vorerst in westlicher Richtung, nach 10 Minuten in Südrichtung einschwenken und auf breitem Weg zur *Mittagerhütte* (2260 m) auf dem Kleinen Mittager an der Bergstation eines Sessselliftes (im Sommer außer Betrieb). Vom Berggasthaus Kesselwand 50 Minuten (ohne Großer Mittager).

Beim Abstieg folgen wir ein Stück dem Sessellift, halten uns dann schwach links in die rechte Seite des breiten Kammrückens, wo Steigspuren in den *Schartboden,* einen Geländeeinschnitt, leiten. Dort rechts (nordwärts) in etwa 5 Minuten zur *Meraner Hütte* (1960 m) des Südtiroler Alpenvereins.

In 5 Minuten zur Talstation des Mittagerliftes, mäßig abwärts zum *Sinichbach* und zum *Hotel Gondellift.*

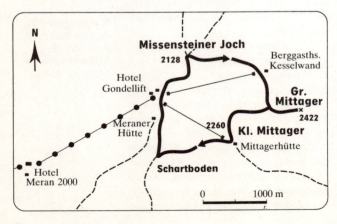

28

Hüttenwanderung in den Bannkreis des Ifingers

*Der Ifinger ist einer der markantesten
Felsgipfel in den Sarntaler Alpen.
Ihm zu Füßen liegt Schenna mit dem berühmten
Schloß*

Die Sommerfrische *Schenna* (640 m) liegt im Nahbereich von Meran (6 km, Busverbindungen). Hauptsehenswürdigkeit ist das Schloß, in dem Führungen stattfinden. Nahebei das neugotische Mausoleum aus rotem Sandstein mit den Grabstätten von Erzherzog Johann und dessen Frau Anna, Gräfin von Meran, sowie deren einziger Sohn, Graf Franz von Meran und seiner Gattin Theresia, Gräfin Lamberg. Mausoleum und Schloß sind im Besitz von Dr. Franz Graf von Meran. – Ausgangspunkt der Wanderung ist der *Berghof Taser* (1450 m) auf einer Lichtung an den Hängen des Schennaberges. Er wird wie folgt erreicht: Vor dem Ortseingang von Schenna rechts in eine schmale Fahrstraße und zum Gasthaus Pichler. Von dort mit der Kleinseilbahn zum »Taser«.

Hinter der Seilbahnstation mit Weg 18a über eine Wiese hinauf in den Wald. Auf breitem Weg in angenehmer Steigung zum Graben des *Schnuggenbaches*. Nun ein kurzes Steilstück überwinden und im

Ausgangspunkt: Berghof Taser, Schenna
Weglänge: 7 km
Gehzeit: 3 Stunden
Steigung: 700 m
Wanderkarte: Freytag-Berndt-Wanderkarte 1:50 000, Blatt 1

Einkehrmöglichkeit: Ifingerhütte (Mitte Mai bis Mitte Oktober), Eggerhof

Burg Schenna: zwischen 1. April und 31. Oktober Führungen täglich um 10.00, 10.45, 11.30, 14.45, 15.30 und 16.15 Uhr

Mausoleum: täglich (außer Sonntagnachmittags) geöffnet von 10.00 bis 12.00 und von 14.00 bis 17.00 Uhr geöffnet

Wald weiter zu einem Felsblock mit Markierungszeichen. Wir halten uns links und sind ¼ Stunde später bei der *Ifingerhütte* (1815 m) unter den Felsabstürzen des Großen Ifingers. Vom »Taser« etwa 1½ Stunden.

Wenn man Glück hat, kann man – vor allem an Wochenenden – mit bloßem Auge das gewagte Spiel der Kletterer auf den extrem schwierigen Routen am Ifinger beobachten.

Von der Hütte in südlicher Richtung auf Weg 20 über einen Wiesenhang steil bergan in ¼ Stunde in eine Scharte. Anschließend senkt sich der Weg durch Alpenrosenbüsche zur *Lanzeben-Alm* (1820 m); von der Ifingerhütte ½ Stunde.

Danach umfängt uns wieder Bergwald. Weiter unten stoßen wir auf Weg 40. Hier wenden wir uns rechts und schlendern durch den Bannwald in ¼ Stunde zum *Eggerhof* (1505 m), einem Berggasthaus. Weiter auf Weg 40 in den *Schnuggenbachgraben*. Etwas später am *Greiterhof* vorüber und in 10 Minuten zum »Taser«.

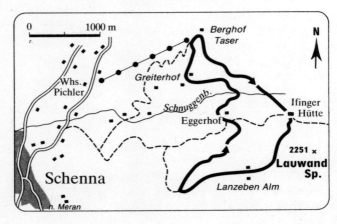

29

Auf den Spuren Andreas Hofers

Zum Geburtshaus von Andreas Hofer, bei dem eine Hofer-Gedenkstätte besichtigt werden kann, führt der Andreas-Hofer-Rundweg

St. *Leonhard* (20 km nördlich von Meran, regelmäßige Busverbindungen) ist der Hauptort des Passeiertales und liegt geschützt in einem Kessel, aus dem westwärts die Straße zum Timmelsjoch, ostwärts die Jaufenpaßstraße abzweigt.

Die Wanderung beginnt zwischen dem Hotel Stroblhof und dem Gasthof Frick: Auf dem Sträßchen ansteigen und dann rechts halten mit den Wegnummern 3 und 13 zur Volksschule. Nun auf Weg 3 zum *Schildhof Happerg* (mit derartigen burgähnlichen Höfen wurden früher Lehensleute der Tiroler Grafen ausgezeichnet). Weiter mit den rot-weißen Markierungen zu Rastbänken bei einer Wegteilung. Halblinks setzt sich der Europäische Fernwanderweg 5 fort zur Pfandleralm (dort wurde Andreas Hofer am 28. Januar 1810 von den Franzosen gefangen genommen). Wir indes halten uns rechts und bleiben damit auf dem *Andreas-Hofer-Rundweg*. Er senkt sich zur Talstraße, auf der wir rechts (zeitweise starker Verkehr!) in wenigen Minuten zum *Sandwirtshaus*

Ausgangspunkt: St. Leonhard im Passeiertal
Weglänge: 4 km
Gehzeit: 1 Stunde
Steigung: 50 m
Wanderkarte: Freytag-Berndt-Wanderkarte 1:50 000, Blatt 4

Einkehrmöglichkeit: Sandwirtshaus (Dienstag geschlossen)

Abkürzung: Die Wanderung kann auch beim Sandwirtshaus (Parkplätze, Bus-Haltestellen) begonnen werden

Andreas-Hofer-Gedenkstätte:
Von Ostern bis
1. November
9.00–12.00 und
13.30–18.00 Uhr
geöffnet

gelangen, wo Andreas Hofer 1767 geboren wurde. Übrigens kann seine Wiege im Schloß Schenna besichtigt werden. Der Tiroler Freiheitsheld starb am 20. Februar 1810 in Mantua auf persönlichen Befehl Napoleons unter den Kugeln eines Erschießungskommandos. Neben dem Gasthaus ist die Gedenkstätte untergebracht. Andreas Hofer hatte bei der Volkserhebung Tirols im Jahr 1809 die Verteidigung des Landes in die Hand genommen. Nach der berühmten Schlacht am Berg Isel mußten sich die Bayern aus Tirol zurückziehen, und nach einer neuerlichen Niederlage an gleicher Stelle (13. 8. 1809) räumten sie das Land. Kaiser Franz versagte Tirol im Frieden von Schönbrunn jedoch seinen Schutz, so daß die Franzosen schließlich fast ungehindert einrücken konnten.

Gegenüber dem Sandwirtshaus zur nahen Passer, dem Talfluß, der bei Meran in die Etsch mündet. Dort rechts und auf dem Uferweg taleinwärts nach *St. Leonhard*.

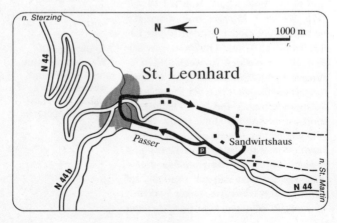

30

Zum höchsten Wasserfall in Südtirol

Als Krönung einer genußvollen Höhenwanderung überrascht uns dieses sensationelle Naturwunder

Am Übergang des Burggrafenamtes in den Vinschgau breitet sich auf der Sonnenseite des Etschtales, abseits der stark frequentierten Staatsstraße 38, die Gemeinde *Partschins* aus, 8 Kilometer westlich von Meran (Busverbindungen).

Vom Kirchplatz (spätgotischer Bau, Barockaltäre, Wachsrelief des heiligen Josef am linken Seitenaltar) auf einem steilen Sträßchen hinauf zum *Gasthaus Salten* am Eingang des Zieltales; motorisierte Wanderer fahren bis hierher.

Auf dem Sträßchen noch ein kurzes Stück ansteigen, bis rechts der *Waalweg* abzweigt. Zwischen Felsblöcken durch und dem Waal – ein künstlicher Bewässerungsgraben – folgend in östlicher Richtung. Etwa ½ Stunde später stoßen wir auf den Hochweg (Nr. 7a) und gelangen auf ihm zum *Niederhaus* (930 m). Nun in westlicher Richtung in Kehren steil bergan. Auf der Höhe queren wir den walddurchsetzten Hang unterhalb des Eggerhofes und erreichen Weg 26. Westwärts über Wiesen zum Tappeinerhof und

Ausgangspunkt: Kirchplatz Partschins
Weglänge: 9 km
Gehzeit: 3¼ Stunden
Steigung: 600 m (ab Partschins)
Wanderkarte: Freytag-Berndt-Wanderkarte 1:50 000, Blatt 1

Einkehrmöglichkeit:
Gasthaus Prünster (Freitag Ruhetag), Gasthaus Wasserfall (Montag Ruhetag), Gasthaus Birkenwald, Gasthaus Salten

zum Gasthaus Prünster im 1200 Meter hoch gelegenen Weiler *Tabland* (kurz zuvor zweigt links der sogenannte »Totenweg« als Nummer 50c ins Zieltal ab).

Weiter auf dem *Partschinser Höhenweg*. Die Rechtsabzweigung bei einer Bank (Flötscherhof–Nassereith) bleibt unberücksichtigt. Für uns gilt Weg 26, der sich nun senkt. Den roten Farbzeichen nach kommen wir zum *Gasthaus Wasserfall*. Von hier gelangt man auf einem gesicherten Felsensteig direkt zum Wasserfall.

Vom Gasthaus nicht auf dem breiten Weg absteigen, sondern rechts haltend in etwa 5 Minuten hinunter zur Wiese vor dem *Partschinser Wasserfall* (90 m).

Auf dem Herweg einige Schritte zurück, dann rechts auf steinigem Weg durch Mischwald und Buschwerk abwärts in 5 Minuten zu einem Bachsteg. Dort links zum nahen *Gasthaus Birkenwald*. Dann auf dem Sträßchen steil abwärts im Zieltal, wo im 17. Jahrhundert ein römischer Diana-Altar gefunden wurde, zum Gasthaus Salten und nach *Partschins*.

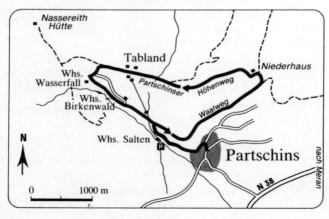

Mit Blick auf die Gletscherwelt der Ortlergruppe

Der Suldener Höhenweg ist landschaftlich sehr reizvoll: Ewiger Schnee, ewiges Eis und gewaltige Bergriesen sind seine Hintergrundkulisse

Vorerst verläuft unsere Wanderung analog zum Hüttenweg zur Schaubachhütte. Der *Rosimbach* wird überschritten. Danach durch einen lichten Lärchenwald auf der Sonnenseite des obersten Suldentales, das von der Legerwand abgeschlossen wird. Nach ungefähr 40 Minuten wenden wir uns rechts zur Mittelstation der Seilbahn. Damit folgen wir dem Weg Nummer 2. An der Seilbahnstation (bis hierher reichten 1820 die Gletscher) vorbei und mit gelb-roten Markierungen hinunter zum Wildbach. Jetzt ist der Weg nicht mehr zu verfehlen. Wir folgen dem ausgetretenen Pfad und steigen an. Halblinks ist die Schaubachhütte zu sehen, und im Westen grüßt von oben die Hintergrathütte. Später tritt die formvollendete Königsspitze ins Blickfeld. Schließlich kommen wir am kleinen Hintergratsee vorbei und erreichen die *Hintergrathütte* (2661 m), einen prachtvollen Aussichtsplatz. Von Sulden 2¼ Stunden.

Hinter der Hütte muß ein kurzes Stück angestiegen werden. Danach geht es auf

Ausgangspunkt: Sulden, Parkplatz der Seilbahn
Weglänge: 12 km
Gehzeit: 5 Stunden
Steigung: 800 m
Wanderkarte: Kompass-Wanderkarte 1:50 000, Blatt 72

Einkehrmöglichkeit: Hintergrathütte (auch Übernachtungsmöglichkeit), Rifugio K 2

Abkürzung: Bei Benutzung der Seilbahn (Auffahrt) und des Sesselliftes (Abfahrt) verkürzt sich die Gehzeit auf etwa 3 Stunden; von der Sessellift-Talstation etwa ½ Stunde zur Seilbahn-Talstation

Bemerkung: Trittsicherheit und Schwindelfreiheit notwendig

Sulden (1845 m) zwischen Ortler und Vertainspitze ist ein klassischer Bergsteigerort mit über hundertjähriger Tradition. Zufahrt: In Gomagoi die Stilfserjoch-Straße verlassen und (11 km) hinauf nach Sulden; Busverbindungen. Autotouristen parken am besten bei der Seilbahn; der Weg beginnt ein Stück östlich davon dem *Suldener Höhenweg* fast eben dahin durch den geröllbedeckten Hang. Wo der Weg schmal wird und ausgesetzt, sorgen Draht- und Perlonseile für die notwendige Sicherheit. Etwas später schwenkt die Route links in einen weiten Geröllkessel unterhalb dem Ende-der-Welt-Ferner in der Nordostseite des Ortlers ein. Etwa 1½ Stunden nach der Hintergrathütte sind wir beim *Rifugio K 2* bei der Bergstation des Sesselliftes von Sulden.

Wir bleiben auf dem Höhenweg. Bei der Wegteilung nach 10 Minuten gehen wir nicht links (zur Tabarettahütte), sondern geradeaus. Das Gefälle wird stärker. Nach einer Weile halten wir uns schwach rechts und stoßen auf den Weg Sulden – Tabarettahütte. Auf ihm weiter abwärts bis zu einer Weggabel im Wald: Rechts halten mit Weg 9 in Richtung Gampenhöfe, durch den baumbestandenen Hangwald. Bergbäche werden überschritten, und schließlich läuft der Weg auf dem Talboden aus. Über den *Suldenbach* und zum Parkplatz.

Über die Churburg zur romantischen Saldurbachklamm

Die Churburg ist eine der größten Sehenswürdigkeiten Südtirols. Auf dem Rückweg begleitet uns der tosende Saldurbach

Ausgangspunkt: Schluderns
Weglänge: 4,5 km
Gehzeit: 1¾ Stunden
Steigung: 300 m
Wanderkarte: Freytag-Berndt-Wanderkarte 1:50 000, Blatt 2

Parkplätze sind in der Ortsmitte vorhanden. Zwischen den Gasthöfen Rössl und Hirschen auf dem Schloßweg ansteigen, vorbei am Parkplatz in knapp 10 Minuten zum Eingang der Churburg.

Anschließend wieder hinunter zum Schloßparkplatz und dort links in den Burgweg (»Korbergass«) einschwenken. Bergan entlang der Südmauer zum freskengezierten Taubenturm aus dem 16. Jahrhundert. An der Südostecke der Burganlage links. Am Ende der Außenmauer gehen wir dann rechts und wieder aufwärts. Wenig später, unmittelbar hinter einer Hecke, links in einen breiten Weg (Nr. 20) einschwenken. Weiter bergan, streckenweise hohlwegähnlich zwischen Busch- und Staudenwerk zum aussichtsreich gelegenen (Ortlerblick), mehrhundertjährigen *Vernalhof.* Von Schluderns ¾ Stunden.

Am Gehöft links vorbei. Anschließend nicht auf dem breiten Weg abwärts, sondern rechts hinauf zu einem ehemaligen Waal (Bewässerungsgraben), dessen Bö-

Schluderns (921 m): Die Staatsstraße 40 (Meran – Reschenpaß) durch das Etschtal beschreibt einen Bogen um den Ort. Deshalb entgeht den meisten Touristen das hübsche Dorfbild mit der barock ausgestatteten Katharinakirche, überragt von der Churburg, einer der beachtenswertesten Sehenswürdigkeiten in Südtirol

Churburg: Vom 20. März bis 31. Oktober finden zwischen 10.30 und 12.00 sowie zwischen 14.00 und 16.30 Uhr bei mindestens 6 Personen Führungen statt. Montags geschlossen

schung wir etwa ¼ Stunde auf abwechslungsreichem Weg taleinwärts folgen. Dann zweigt links in spitzem Winkel der 1974 angelegte *Edelweiß-Steig* ab. Er senkt sich kehrenreich im waldbestandenen Hangwald und liefert uns gute 10 Minuten später am *Saldurbach* ab. Reizvolle Rastplätze fordern zu einer willkommenen Unterbrechung der Tour auf.

In der Folge auf windungsreichem Weglein talauswärts, zunächst am linken, dann am rechten und anschließend wieder am linken Ufer. Der Saldurbach entwickelt sich zu einer romantischen Klamm. Bald begleiten uns die Stationen eines Trimm-dich-Pfades. Im Vorblick erscheint im Südwesten auf der gegenüberliegenden Talseite das Glurner Köpfl. Vorbei an einer Rückhaltemauer für angeschwemmtes Geröll kommen wir zum Tennisplatz. Daraufhin wird eine Anlage an der Mündung des Saldurbachtales passiert, und schon sind wir bei den ersten Häusern von *Schluderns*. Der Saldurbach leitet uns in die Ortsmitte.

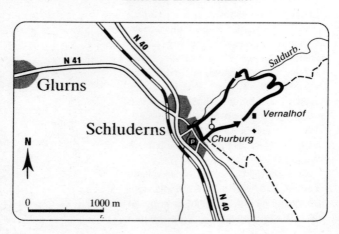

33

Das Rothenburg von Südtirol

Glurns hat sich sein mittelalterliches Stadtbild mit Mauerring, Tortürmen und einer malerischen Laubengasse weitgehend bewahrt. Nicht weit entfernt steht die sehenswerte Burgruine Lichtenberg

Durch die Kirchporten, eines der alten Tore, kehren wir der Altstadt von Glurns den Rücken. Über die *Etsch* und zur Pfarrkirche *St. Pankratius* (barocker Turmhelm, spätgotisches Langhaus). Eindrucksvoller Rückblick auf Glurns, das nirgendwo sonst in Südtirol seinesgleichen findet.

Anschließend der Staatsstraße noch einige Minuten folgen, worauf links ein Fahrsträßchen abzweigt. Es ist vorerst gleichlaufend mit Weg 24 (zum Glurnser Köpfl). Ansteigend über den von Muren angeschwemmten Hang zum *St.-Martin-Kirchlein,* bei dem im 17. Jahrhundert ein Einsiedler lebte; die heutige Kirche stammt aus dem Jahre 1870.

Wir spazieren auf dem Fahrsträßchen weiter in südlicher Richtung. Damit halten wir uns an Weg 25. Nach ½ Stunde ist der Güterweg beim *Porzleithof* zu Ende. Geradeaus in den Wald, über einen Bach, noch einige Minuten im Wald, dann über Wiesen zum *Größhof,* einem der über den freien Hang verstreuten Lichtenberger-

Ausgangspunkt: Glurns
Weglänge: 11 km
Gehzeit: 3¼ Stunden
Steigung: 350 m
Wanderkarte: Freytag-Berndt-Wanderkarte 1:50 000, Blatt 2

Einkehrmöglichkeit: Lichtenberg, Etschheim

Glurns breitet sich an der Mündung des Münstertales ins Etschtal aus, im mittleren Vinschgau, westlich von Schluderns; Busverbindungen

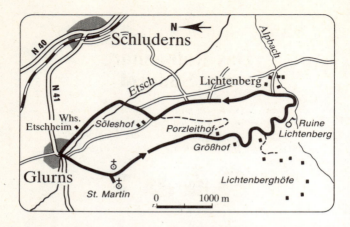

Burgruine Lichtenberg mit 20 m hohem Eckrondell, viergeschossig, 8 m im Durchmesser, sowie hohen Mauern des Palas, der aus zwei Gebäuden bestand

Fotos
▷ Kloster Marienberg
▷ ▷ Lichtenberg: gewölbter Hallenbau

höfe. Bei der Weggabel links halten, über einen weiteren Bachlauf und auf einem Wiesenpfad (Weg 14) hinunter zur mittelalterlichen *Burgruine Lichtenberg,* einem Lehen der Tiroler Grafen an die Herren von Lichtenberg. Heute ist die Anlage im Besitz der Grafen Khuen-Belasi.

Abwärts zum *Alpbach* und auf einem Fahrsträßchen – rechts auf der Hügelkuppe die 1575 geweihte Christinakapelle – in die Ortschaft *Lichtenberg,* um 1200 als »Suwendes« erwähnt; von Glurns etwa 2 Stunden. Vom Gasthof Adler auf einem Fahrsträßchen in nördlicher Richtung aus dem Ort. Die Straße durchzieht den Hang oberhalb des Talbodens. Nach ½ Stunde sind wir vor dem *Söleshof,* wenden uns rechts, überschreiten einen Nebenarm der Etsch und danach eine Querstraße und kommen zur *Etsch*. Am jenseitigen Ufer links, an einem Staubecken (des Vinschgauer Kraftwerkes) der Etsch vorbei und auf der *Etschpromenade* zur *Gaststätte Etschheim*. Hier trennen uns nur noch etwa 5 Minuten von *Glurns*.

Von Laatsch ins Münstertal

Über die Schlachtfelder des Engadiner Krieges geht es in den Grenzort Taufers: alte Kirchen, Burgruinen

Laatsch wird über die Etschbrücke verlassen. Wir kommen in den Ortsteil Flutsch mit dem *Cäsarkirchlein*. Auf dem Friedhof ruhen Gefallene der sogenannten »Calvenschlacht« 1499, als Bündner Truppen im Engadiner Krieg den Tiroler Truppen die größte Niederlage ihrer Geschichte beibrachten. Anschließend auf der wenig befahrenen Straße – links breitet sich das einstige Schlachtfeld aus – in ¼ Stunde zur *Staatsstraße 41,* die unweit der Calvenbrücke betreten wird.

Auf der anderen Straßenseite folgen wir einem breiten Fußweg auf der orographisch rechten Seite des Rambaches, dessen Wasser sich bei der »Calvenschlacht« vom Blut der Opfer rot gefärbt haben soll. Der Wanderweg ist identisch mit der alten Talstraße. Die Lärchen der Ausläufer des Glurnser Waldes begleiten uns. Nach ¾ Stunden sind wir bei den ersten Häusern des Weiler *Rifair,* einer Fraktion von Taufers; von Laatsch 1¼ Stunden. Über den Rambach zum Kirchlein *St. Valentin,* das nach der Zerstörung

Ausgangspunkt: Laatsch
Weglänge: 13 km
Gehzeit: 3½ Stunden
Steigung: 400 m
Wanderkarte: Freytag-Berndt-Wanderkarte 1:50 000, Blatt 2

Einkehrmöglichkeit: Taufers

Fotos
◁ Am Reschensee. Bei niedrigem Wasserstand schaut der alte Kirchturm von Graun aus den Fluten empor
◁ ◁ Ochsenalpe am Brixener Höhenweg

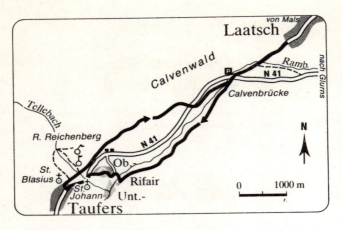

Abkürzung: Die Wanderung kann auch bei der Calvenbrücke (Parkraum, Bus-Haltestelle) angetreten werden; dadurch etwa 1 Stunde kürzer

Laatsch, ein nur etwas mehr als 600 Einwohner zählendes Dorf (970 m) liegt an einer Krümmung des Etschtales, 1 km südwestlich von Mals (nächster Bahnhof, Bushaltestelle)

Taufers: an der Durchgangsstraße einige ansehnliche alte Häuser (Nr. 65 und 64) aus dem 16. Jahrhundert

im Engadiner Krieg 1521 im gotischen Stil neu erbaut wurde.

Nun westwärts in 10 Minuten hinauf zur Staatsstraße 41. Auf ihr links zum alten (13. Jh.) Gotteshaus *St. Johann* (»Santa Hans«), an das einst ein Hospiz der Johanniter angebaut war; sehenswerte romanische und gotische Fresken.

Wir sind in *Taufers*. Vom Gemeindeamt auf der Hauptstraße kurz talauswärts, bis gegenüber von Haus Nr. 87 halblinks ein Sträßchen zur Pfarrkirche St. Blasius (gotischer Turm, barockes Inneres) abzweigt. In Höhe des Chores rechts halten und im Hang oberhalb der Straße dahin. Links oben die Burgruinen Unterreichenberg und Rotund (Oberreichenberg). Vorbei an einer Rastbank in Richtung Etschtal. Unser Wanderweg berührt den Calvenwald, mündet in die Talstraße und setzt sich rechts davon fort, um dann wieder in die Straße überzugehen. Über die Calvenbrücke an der Enge des Münstertales, bei der Straßengabel links und in 20 Minuten nach *Laatsch*.

35
Um Taufers im Münstertal – Burgruinen, Kirchen, Kapellen

Mit Taufers ist in diesem Falle – im Gegensatz zum Ahrntal – der 1260 Meter hoch gelegene Ferienort im Münstertal nahe der Schweizer Grenze gemeint

Ausgangspunkt: Gemeindeamt in Taufers
Weglänge: 5 km
Gehzeit: 1½ Stunden
Steigung: 150 m
Wanderkarte: Freytag-Berndt-Wanderkarte 1:50 000, Blatt 2

Vom Gemeindeamt (Parkplätze) auf der Dorfstraße in Richtung Schweizer Grenze, vorbei an »Santa Klaas«, wie die Tauferer die St.-Nikolaus-Kirche (um 1400 erbaut) nennen, zum *Valgarolabach*. Etwa 200 Meter danach wird die Staatsstraße halblinks verlassen. Ein breiter Fahrweg führt zu den Höfen von *Puntweil*, nur einen Steinwurf von der Grenze entfernt. Die Rochuskapelle wurde im verheerenden Pestjahr 1635 erbaut, als in Taufers 400 Menschen von der Pest hinweggerissen wurden und im Ort nur noch sieben Familien am Leben waren.

Am Ostufer des *Rambaches* schwenkt unsere Tour links in nordöstliche Richtung ein. Wir bummeln über die Wiese *Maleditsches*. Die Bewässerung wird durch Waale, künstlich angelegte Wassergräben, garantiert. Im Vinschgau gibt es rund 200 größere Waale mit einer Länge von insgesamt rund 500 Kilometern, die eine Fläche von etwa 9000 Hektar bewässern. Die bekanntesten Waale befinden sich im Burggrafenamt in der Umgebung von Meran.

Taufers: Vom Reschenpaß über Mals (nächster Bahnhof) 30 km, von Meran über Schluderns – Glurns 60 km; Busverbindungen

Etwa 25 Minuten später erreichen wir dann Weiler *Rifair* und überschreiten dort den *Rambach* ein zweites Mal. Das dem hl. Valentin geweihte Kirchlein wurde 1499 im Engadiner Krieg, als die Bündner die Truppen Kaiser Maximilians schlugen – damals sollen 5000 Tiroler gefallen sein – vernichtet und 1521 gotisch wiedererbaut.

Vom gegenüberliegenden Talhang grüßen die Burgruinen Unterreichenberg mit seinem »Butterfaßturm« (Rücksprung im Turmabschluß) und darüber Rotund, auch Oberreichenberg genannt. Die Waldhänge steigen an zum Rinderkopf, einem Ausläufer der Sesvenna-Gruppe. Vom Kirchlein westwärts in 10 Minuten durch Wiesen hinauf zur *Staatsstraße 41*. Auf ihr links zur alten (13. Jh.), Johannes dem Täufer geweihten Kirche – im Volksmund »Santa Hans« –, an die ein Hospiz der Johanniter angebaut war. Besonders sehenswert sind die romanischen und gotischen Fresken. Von der Kirche in guten 5 Minuten zurück zum Gemeindeamt.

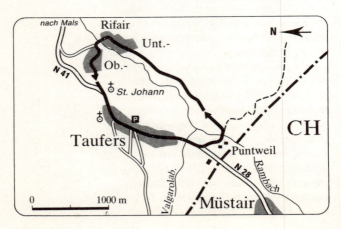

Wo die Benediktiner dem Himmel am nächsten sind

Marienberg ist das höchstgelegene (1335 m) Benediktinerkloster Europas mit einer kostbar ausgestatteten Kirche

Ausgangspunkt: Burgeis
Weglänge: 10,5 km
Gehzeit: 3½ Stunden
Steigung: 500 m
Wanderkarte: Freytag-Berndt-Wanderkarte 1:50 000, Blatt 2

Einkehrmöglichkeit: Schleis

Vom Dorfplatz südwärts in wenigen Minuten zur *Fürstenburg,* die im späten 13. Jahrhundert vom Churer Fürstbischof Konrad erbaut wurde und bis zur Säkularisation (1803) bei Chur blieb, sozusagen als Gegengewicht zur Churburg bei Schluderns, die ursprünglich auch zu Chur gehörte, dann aber durch die Herren von Matsch erobert wurde (keine Besichtigung).

Weiter südwärts am Etschufer in 20 Minuten nach *Schleis* (1074 m). Auf der Westseite der Etschbrücke beginnt ein Fahrweg, dem wir westwärts folgen, den *Metzbach* überschreiten und über die *Martinskapelle* ansteigen zum *Polsterhof.*

Auf Weg 10 weiter taleinwärts in etwa 10 Minuten zu einem Bildstock, wo links Weg 11 ins Arundatal abzweigt. Für uns gilt aber auch weiterhin die Nummer 10, das heißt wir spazieren geradeaus, überschreiten den *Alpbach* und sind 20 Minuten später bei der ehemaligen Sägemühle am Metzbach im *Schliniger Tal;* von Burgeis etwa 2 Stunden.

Nun nicht auf Weg 10 taleinwärts zum

Burgeis: Zu Füßen des Klosters Marienberg gelegen, 3,5 km nordwestlich von Mals (nächster Bahnhof, Busverbindungen). Burgeis war schon Mitte des 12. Jh.s eine »achtbare Siedlung leibeigener und freier Bauern mit teils romanischen, teils deutschen Namen, mit Kirche und eigenem Seelsorger«, wie Pater Matthias

Strobl in einer Chronik schrieb. Berühmtester Sohn ist der Maler Johann Evangelist Holzer, am 24. Dezember 1709 als Kind des Klostermüllers geboren

Polsterhof: Sein Name rührt davon her – wie der Südtirolkenner Dr. Josef Rampold weiß –, daß der Bauer einst bei Hinrichtungen auf der Malser Heide »einen Polster stellen mußte, auf dem der arme Delinquent knien konnte«

abgelegenen Weiler Schlinig, sondern auf der Nordseite des Metzbaches mit Weg 1 in östlicher Richtung auf dem alten Schliniger Weg hoch über der Schlucht des Metzbaches durch die baum- und buschbestandenen Hänge in etwa ¾ Stunden nach *St. Stefan,* wo 1146 ein Kloster gegründet wurde, das aber schon vier Jahre später nach Marienberg verlegt wurde. Die Kirche selbst stammt aus dem 8. Jahrhundert.

Wenige Minuten danach betreten wir die Straße, steigen auf ihr ein kurzes Stück an und verlassen sie bei der Linkskurve. Rechts auf breitem Weg in 5 Minuten zur Abtei *Marienberg,* dem höchstgelegenen (1335 m) Benediktinerkloster Europas. Vom Hof betreten wir durch das romanische Portal die barock ausgestattete Kirche und steigen hinab in die Krypta (romanische Fresken); auf Wunsch Kirchenführungen. Abschließend entweder auf der Straße, oder (schöner) auf dem alten Fußweg, vorbei an der Kapelle Maria Schnee hinunter nach Burgeis.

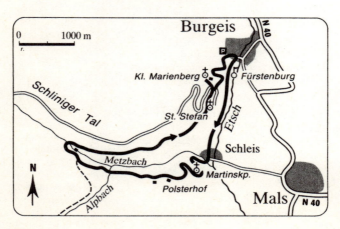

Berge über dem Reschensee

Als letzter Zeuge der alten Ortschaft Graun ragt der Kirchturm aus dem Reschensee, in dem sich die umstehenden Berge spiegeln

Zwei Kilometer vor der österreichischen Grenze breitet sich im obersten Vinschgau der *Reschensee* aus, 6,5 Kilometer lang und bis zu 1,5 Kilometer breit. Als er angelegt wurde, mußten 163 Häuser der Dörfer Graun, Arlund, Reschen-Pitz und St. Valentin geräumt werden; über 500 Hektar Bodennutzfläche gingen verloren. Die Bewohner wurden zwar vom italienischen Großkonzern Montecatini, der 1950 das Großkraftwerk bei Schluderns in Betrieb setzte, entschädigt; zahlreiche Familien mußten aber woanders hinziehen, weil nicht mehr genügend Äcker und Weiden vorhanden waren.

Als Ausgangsort für unsere Wanderung nehmen wir *St. Valentin auf der Heide*. Entweder zu Fuß auf einem Fahrweg (Nr. 7) in etwa 2 Stunden, oder mit dem Gondellift in 19 Minuten empor zur *Haideralm* (2120 m). Vom Gasthaus folgen wir Weg 9 und überschreiten den *Fellatschbach*. Anschließend etwa ½ Stunde aufsteigend, worauf Weg 14 rechts abzweigt (Nr. 9 führt zur Elfenspitze). Wir

Ausgangspunkt: St. Valentin auf der Heide (1474 m) zwischen Reschensee und Haidersee (11 Kilometer von der italienisch-österreichischen Grenze, 68 Kilometer von Meran; Busverbindungen).
Weglänge: (ab Haideralm) 13 km
Gehzeit: 3½ Stunden
Steigung: 350 m
Wanderkarte: Freytag-Berndt-Wanderkarte 1:50 000, Blatt 2

Einkehrmöglichkeit: Haideralm, Schöneben

Bemerkungen: Erste Seilbahn ab St. Valentin um 8.30 Uhr
Verlängerung: auf Weg 9 über die Haiderscharte zur Elferspitze (2926 m); von dort Übergang durch die Scharte »Zwischen d'Köpf« zum Zehnerkopf und Abstieg nach Schöneben (2 Std.); Trittsicherheit notwendig

traversieren nun die freien Wiesenhänge der Haideralm oberhalb der Waldgrenze in nördlicher Richtung und genießen die Ausblicke über den Reschensee zur Mündung des Langtauferer Tales. Linker Hand erheben sich Elferspitze und Zehnerkopf, sogenannte »Uhrzeigerberge« (von Rojen): Die Sonne steht zur entsprechenden Uhrzeit über diesen Gipfeln.

Nach insgesamt etwa 1¾ Stunden zweigt links Weg 9 ab (zum Zehnerkopf, 1½ Std.). Wir wandern rechts haltend abwärts parallel zum Skilift nach *Schöneben* (2087 m), von wo sich im Westen die Berge der Sesvenna-Gruppe zeigen. Von der Haideralm etwa 2 Stunden.

Für den Rückweg vertrauen wir uns dem Militärsträßchen an, das von Schöneben in südöstlicher Richtung verläuft und sich im *Spinner Wald* senkt. Das Sträßchen ist rund 7 Kilometer lang und führt direkt nach *St. Valentin,* wo an der Stelle der 1832 geweihten Pfarrkirche im Mittelalter ein Hospiz stand, das später als Armenhaus diente.

Zur »Akropolis« von Südtirol

Säben – Akropolis von Südtirol, Heiliger Berg, Kloster und Wallfahrtsstätte auf einem Dioritfelskegel, 200 Meter über dem Eisacktal

Ausgangspunkt: Thinneplatz in Klausen (Bus-Haltestelle, 5 Minuten vom Bahnhof der Strecke Brixen – Bozen)
Weglänge: 3 km
Gehzeit: 1 Stunde
Steigung: 200 m
Wanderkarte: Freytag-Berndt-Wanderkarte 1:50 000, Blatt 1

Kloster Säben: Führer-Broschüre an der Klosterpforte erhältlich

Vom Thinneplatz gegenüber dem Hotel Post vertraut man sich den Täfelchen an, die zum Kloster Säben zeigen. Auf Weg 1 in 5 Minuten zur *Burg Branzoll* (Privatbesitz) und anschließend auf dem uralten, steingepflasterten Wallfahrtsweg, begleitet von Kreuzwegstationen, aufwärts. Der Bischofsbauer bleibt zurück. Bald stößt man auf die untere Sperrmauer. Rechts unterbricht der fünfgeschossige Herrenturm die Reihe der Schwalbenschwanzzinnen; dahinter zeigt sich das Pultdach der Marienkapelle, an die sich die Liebfrauenkirche anschließt. Unterhalb davon wurde 1982/83 im Südosthang des Berges eine frühchristliche Kirche aus dem 3. Jahrhundert ausgegraben.

Unmittelbar hinter dem Durchgang gelangt man rechts zu einem Aussichtsplatz bei der Marienkapelle (geschlossen).

Der Hauptweg setzt sich zwischen den Mauern fort; links schwindelnder Blick ins Tal des Thinnebaches. Zum Schluß durch einen mittelalterlichen Felstunnel in den zentralen Klosterbezirk. Von Klausen 35

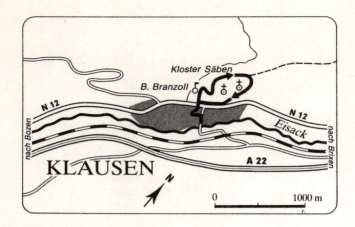

Klausen, in seinem Kern ein altertümliches Städtchen mit engen Gassen und Straßen, liegt im Eisacktal zwischen Bozen (29 km) und Brixen (11 km); Bahn- und Busverbindungen. Lohnende Besichtigungen: Heimatmuseum im Refektorium des Kapuzinerklosters (Juni–September von Dienstag bis Sonntag zwischen 10.00 und 12.00 und 15.00 bis 18.00 Uhr). Loretoschatz im Kapuzinerkloster (Mai–September an Werktagen zwischen 9.00 und 11.00 und 16.00 bis 19.00 Uhr) Minuten. Zunächst kommen wir zur Klosterkirche, für deren Bau Teile eines romanischen Palastes (romanische Fenster an der Südwand) Verwendung fanden. Auf der Spitze des Berges steht neben dem Kassianturm die Heilig-Kreuz-Kirche aus dem letzten Viertel des 13. Jahrhunderts; 1406 gotischer Umbau. An die Heilig-Kreuz-Kirche wurde im 15. Jahrhundert eine Kapelle angebaut. Von der Höhe, auf der einst eine bischöfliche Burg auf einer Fläche von 12,30 x 23,50 Metern trutzte, bietet sich ein prächtiger Blick ins Eisacktal und nach Osten zu den Geislerspitzen (Sass Rigais, Furchetta).

Die erste Bischofsburg erscheint in Urkunden des 9. Jahrhunderts. Im ausgehenden 10. Jahrhundert verlegte das Bistum unter Bischof Albuin seinen Sitz von Säben nach Brixen.

Den inneren Klosterbezirk durch einen zweiten Felstunnel verlassen. Abwärts (Drahtseile). Unten, gleich nach der Brücke rechts in den Promenadenweg einschwenken und hinunter nach *Klausen.*

Vom »Feichter« in die einsamen Sarntaler Alpen

Diese Bergtour in die Sarntaler Alpen führt uns über den aussichtsreichen Hundskopf mit seiner einzigartigen »Dolomitenschau«

Ausgangspunkt: Berggasthaus Feichter
Weglänge: 11 km
Gehzeit: 5 Stunden
Steigung: 1000 m
Wanderkarte: Freytag-Berndt-Wanderkarte 1:50 000, Blatt 4

Das ganzjährig geöffnete *Berggasthaus Feichter* (1349 m) steht oberhalb von Brixen im Osthang der Radlseespitze und wird von Brixen auf der Straße über Tils (Abzweigung bei der Volksschule) erreicht.

Vom »Feichter« auf Weg 16 in nördlicher Richtung in 25 Minuten zum *Malsitter Jöchl*. Dort biegen wir mit der Forststraße in Westrichtung ein und wandern durch die bewaldeten Hänge oberhalb des Schalderer Baches. Etwa 10 Minuten später befindet sich rechts unten die Quelle Taubenbrunnen. Von hier dem Sträßchen noch ½ Stunde folgen zur Einmündung (von rechts) der Wege 6 und 18, die von Schalders kommen. Weg 18 wendet sich einige Minuten später links ab und führt nahe einem Bachlauf im Wald bergan. Oberhalb der Baumgrenze umfängt uns das steinige Hochtal zwischen Rösselspitze (rechts) und Radlseespitze (links). Den roten Farbzeichen nach gelangen wir auf schmalem Weg, zuletzt durch Geröll auf die Kammhöhe. Links ginge es über

Einkehrmöglichkeit:
Radlseehütte,
Perlunger

den felsigen Kamm zur Graskuppe der Radlseespitze (2252 m), auf der die Sonnwend-Feuer abgebrannt werden; rechts gelangen wir zur Gipfelkuppe des *Hundskopfes* (2324 m) mit einer großartigen Dolomitenschau. Vom »Feichter« etwa 3 bis 3¼ Stunden.

Zur *Radlseehütte* (2257 m), einem prächtigen Aussichtsbalkon, sind es nur noch knappe 10 Minuten. Unterhalb der kleine Radlsee. Wer Lust hat, kann die kreuzgeschmückte Königsangerspitze (2439 m) in ¾ Stunden ersteigen.

Von der Hütte folgen wir zunächst den Wegen 8 und 18: Im grasigen, von Geröll durchsetzten Hang parallel zur Materialseilbahn abwärts zu den obersten Zirben und in den Wald. Weiter zum Kreuz auf der Waldlichtung von *Kompatsch* (1850 m). Nun links nordwärts auf Weg 8 durch den Hangwald abwärts zum *Bärenbachgraben*. Durch den Hochwald vollends hinab zur *Perlunger Kapelle* (1390 m), von der es auf der Straße nur noch 10 Minuten zum »Feichter« sind.

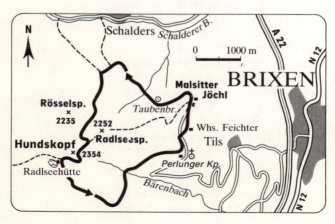

40

Zu den Ufern des Puntleider Sees

*Der Puntleider See, einer der am reizvollsten
gelegenen Seen in ganz Südtirol,
gilt für Naturfreunde als Geheimtip im östlichen
Teil der Sarntaler Alpen*

Ausgangspunkt: Grasstein, Gasthaus Klapfer
Weglänge: 11,5 km
Gehzeit: 4½ Stunden
Steigung: 1200 m
Wanderkarte: Freytag-Berndt-Wanderkarte 1:50 000, Blatt 4

Im sogenannten »Sack«, einem Engstück des oberen Eisacktales an der Mündung des Pundleider Baches stehen westlich der Staatsstraße 12 und der Autobahn die Häuser von *Grasstein* (Personenzug-Haltestelle), einer Fraktion von Franzensfeste.

Beim Gasthaus Klapfer erklärt eine Übersichtstafel die verschiedenen Wanderwege. Wir folgen der *Brückenstraße,* gehen links an einem Stadel vorbei und auf einem ansteigenden Waldweg, bis etwa 5 Minuten später links die Wege 14 und 15 abzweigen. Auf einem Fahrweg bergan, den *Lechnerhof* zurücklassend zu den zwei leerstehenden Höfen von *Pundleid;* von Grasstein 35 Minuten.

Wenige Schritte nach dem oberen Hof, bei der Weggabel, halten wir uns rechts. Nun im Wald steil bergauf, an Almhütten vorüber und von dort in ¾ Stunden – weiter oben den Wald verlassend – zur *Pundleider Alm* (1780 m), wo wir auf Weg 16 (von Pfulters über den Onser Bildstock) stoßen; von Grasstein 2 Stunden.

Die Route schwenkt nun in Südrichtung ein und liefert uns etwa 10 Minuten später am *Pundleider See* (1850 m).

Vom Abfluß des Sees südostwärts über grasige Hänge ansteigen zu einer Schulter im Rücken, den der Schönjochgipfel nordostwärts entsendet. Anschließend queren wir die steilen Hänge in der Schönjoch-Ostflanke und erreichen nach etwa 25 Minuten einen Markierungsstein mit aufgepinselten Wegnummern und -zielen. Hier links hinunter zur halbverfallenen *Sulzen-Alm* (1933 m). Im Südwesten erhebt sich das Tagewaldhorn, einer der höchsten Gipfel der Sarntaler Alpen.

Zunächst geht es noch steil abwärts, dann mit weniger Gefälle zur *Bergler-Alm* (1537 m), wobei wir einen herrlichen Blick über das Eisacktal hinweg zu den Wilden Kreuzspitzen in den Pfunderer Bergen genießen. Der Weiterweg ist problemlos: Nummer 15 hält sich an den Bergler Bach, führt nach ½ Stunde links über den *Pundleider Bach* zu den Pundleidhöfen und von dort auf dem Aufstiegsweg zurück nach *Grasstein*.

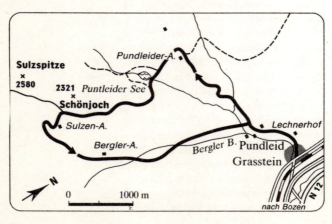

Vom Roßkopf auf die Telfer Weißen

Der Roßkopf gehört zu den bekannten Skistationen im oberen Eisacktal, hat aber auch im Sommer seine unverkennbaren Reize: prächtige Ausblicke auf die Stubaier Alpen sowie zu den Tribulaunen

Wir beginnen die Tour an der Bergstation der *Roßkopf-Seilbahn* (1860 m); hierher auch von Sterzing zu Fuß auf Weg 23 in 2 Stunden. Von der Talstation des Skiliftes zunächst Weg 23 folgen, der aber schon wenig später bei einem Wasserbehälter rechts ansteigend verlassen wird. Ab dem nächsten Wegezeiger hält man sich vorerst an die Nummer 23a und 23b. Nach insgesamt ¼ Stunde sind wir bei einem hölzernen Brunnentrog, von dem es 20 Minuten zur *Kuhalm* sind.

Der *Ridnauner Höhenweg*, auf dem wir uns noch befinden, setzt sich auf dem oberen Hangweg fort. Etwa 10 Minuten später steht links die einfach bewirtschaftete *Ochsenalm* (1905 m). Von der Seilbahn ¾ Stunden.

Wir bleiben ab der Ochsenalm noch etwa 5 Minuten auf dem Höhenweg, dann zweigt rechts Weg 23a im spitzen Winkel ab. Jetzt geht es ziemlich steil bergwärts, in langen Serpentinen zur Kammhöhe (Punkt 2331) zwischen Roßkopf und Telfer Weißen; von der Seilbahn 1¾ Stunden.

Ausgangspunkt: Bergstation Roßkopf-Seilbahn in Sterzing
Weglänge: 9,5 km
Gehzeit: 4½ Stunden
Steigung: 800 m
Wanderkarte: Freytag-Berndt-Wanderkarte 1:50 000, Blatt 4

Einkehrmöglichkeit: Ochsenalm (einfach bewirtschaftet), Sterzinger Haus und Roßkopfhütte (etwas abseits)

Bemerkung: Erste Seilbahn um 9 Uhr Trittsicherheit notwendig

Sterzing: ein in seinem Kern malerisches Städtchen, hat eine Anschlußstelle zur Brenner-Autobahn, wird von der Staatsstraße 12 (19 km vom Brennerpaß) berührt und ist außerdem D-Zug-Station. Der Bus-Bahnhof befindet sich am Nordrand der Stadt. Besichtigungen: Multscher-Altar-Museum am Stadtplatz (an Werktagen 8.30–11.30 Uhr und 15.00–17.30 Uhr); Rathausmuseum mit römischem Mithrasstein (Montag – Freitag 8.00–12.00 und 15.00–18.30 Uhr; Schlüssel auf Zimmer 2 erhältlich)

Auf der anderen Seite kurz abwärts, worauf wir auf das Weglein vom Roßkopf treffen. Links, also in westlicher Richtung über dem obersten Vallmingtal in die Ostflanke der Telfer Weißen. Dort windet sich der Steig in Kehren zur Höhe. Als erstes erreichen wir den Vorgipfel. Von dort – teilweise unter Zuhilfenahme der Hände – auf den Hauptgipfel (2566 m) der *Telfer Weißen,* schroffe Zacken, deren weißer Fels dem Berg seinen Namen gegeben hat. Von der Seilbahn etwa 2½ Stunden. Der Abstieg ist zunächst gleichlaufend bis Punkt 2331. Von dort aber nicht auf die Ridnauner Seite überwechseln, sondern geradeaus mit dem Wiesenpfad in einen begrasten Sattel (2070 m), von dem es in 20 Minuten zum *Roßkopfgipfel* (2189 m) geht.

Nun kann man entweder nahe dem grasigen Nordostrücken zum sogenannten »Stock« (1986 m) absteigen, und von dort zur Seilbahn-Bergstation queren, oder man steigt vom Gipfel weglos über Wiesen direkt hinunter zum Ausgangspunkt.

42

Unterwegs zum Waal

Die Entdeckung des Waales bei Gais kam einer archäologischen Sensation gleich, weil man im Taufener Tal keine derartige künstliche Bewässerungsanlage vermutet hatte

Am Pfarrheim vorbei zur Straße. Auf ihr rechts. An der Rechtskurve beim Pitzingerhof die Straße links verlassen in den *Wiesenweg* (Weg 5). Im Vorblick grüßt von der Höhe die Kehlburg. Mäßig bergan in ¼ Stunde zum *Bärentalhof*. Vor dem Anwesen auf einem asphaltierten Sträßchen links abwärts – schöne Blicke talein – von einer Steinmauer begleitet. Nach 5 Minuten halbrechts: Waalweg lautet die rote Aufschrift auf einem Stein. Von der Kirche ½ Stunde. Die Auffindung des Waales glückte 1977 dem Archäologen Dr. Reimo Lunz. Der Verlauf wurde auf einer Länge von 1,8 Kilometern rekonstruiert, und zwar beiderseits des beschriebenen Wanderweges als Graben, der stellenweise überwachsen bzw. zugeschüttet, weitgehend aber gut zu erkennen ist. Gemütlich schlendern wir durch Fichten- und Lärchenwälder. Nach ¼ Stunde steht rechts eine Unterstandhütte, und nach einer weiteren Viertelstunde sind wir an der Stelle, an welcher der Waal gespeist wurde. Von Gais 1 Stunde.

Ausgangspunkt: Kirchplatz in Gais
Weglänge: 6 km
Gehzeit: 1¾ Stunden
Steigung: 60 m
Wanderkarte: Freytag-Berndt-Wanderkarte 1:50 000, Blatt 3

Bemerkung: Wegverlauf ist gut beschildert

Gaiser Waal: vermutlich von den Herren auf Kehlburg – sie stammt aus der 1. Hälfte des 12. Jh.s und war lange Zeit im Besitz der Brixener Bischöfe – erbaut. Ob damit die Wiesen bewässert oder nahe Bauernhöfe mit Frischwasser versorgt wurden, läßt sich nicht mehr mit Sicherheit

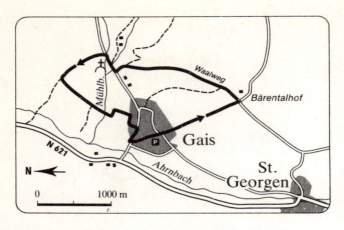

sagen. Auch über das Alter des Grabens kann nichts Definitives gesagt werden. Man weiß aber, daß der Plarser Waal (bei Meran) schon 1333 existierte

Gais: Auf der Fahrt von Bruneck ins Tauferer Tal stößt man nach 5 Kilometern auf die Häuser von *Gais* (836 m). Der Ort breitet sich jenseits des Ahrnbaches aus. Dort steht die Johanneskirche. Sie gilt nach dem Dom zu Innichen als beachtenswertestes romanisches Bauwerk im Pustertaler Raum

Auf der Teerstraße links abwärts. Rechter Hand erhebt sich die in vorgeschichtlicher Zeit besiedelte Gaiser Pipe (Pipe = Hügel). Nach 300 Metern rechts, kurzer Gegenanstieg zum Bildstock des hl. Johann Nepomuk. Zwei, drei Schritte danach bei der Rastbank links mit rot-weiß-roten Farbzeichen in Richtung Uttenheim (Felsblock-Aufschrift). Im Wald abwärts und auf die Markierungen achten. Etwa ¼ Stunde nach der Kapelle links an einer Kiesgrube vorüber. Kurz danach bei der Rastbank links in den Weg 1 (Uttenheim – Gais) einschwenken. Durch lichten Wald in 10 Minuten zum *Mühlbach,* der überschritten wird. Jenseits auf einem Pfad durch Staudenwerk. Vor den ersten Häusern links, kurz darauf rechts in die Gissestraße. Beim Hotel Panorama rechts halten, vorbei am Hotel Innerhofer. Vor dem Sportplatz links auf der Lützelbucher Straße zum Feuerwehrhaus. Einige Schritte rechts, dann links zum Hotel Windschar. Abermals links und zurück zur Kirche.

Aufstieg zum Schloß Taufers

An der Nahtstelle vom Tauferer Tal ins Ahrntal bewacht Schloß Taufers den Eingang ins Ahrntal. Zu seinen Füßen liegt der Kurort Sand

Zunächst müssen wir links neben dem Haus Nummer 12 auf dem Weg 2 a (Tafel) ansteigen. Oberhalb bzw. hinter den Häusern auf einem Spazierweg durch den bewaldeten Hang taleinwärts. Vor dem ersten Haus, auf das wir stoßen, wendet sich die Route rechts und führt hinauf zu der 1978 durch die Tauferer Schützenkompanie renovierte *Schloßkapelle,* einer Gedenkstätte für gefallene Tiroler Freiheitskämpfer des Jahres 1809 unter Andreas Hofer. Mit Schindeln gedeckt, wird das Dach von einem hölzernen Reiter gekrönt. In der Kirche eine gekonnte Kopie (Schnitzschule Ahrntal, St. Jakob) des Defregger-Werkes »Das letzte Aufgebot«; Original in der Pfarrkirche von Taufers. Übrigens verlief hier, das heißt an der Basis von Schloß Taufers – vor dem Bau der Talstraße – der alte Tauferer-Ahrntaler-Fahrweg.

Vor der Kapelle rechts und vollends hoch zum Eingang von *Schloß Taufers.* Die Burg stammt in ihrem Ursprung aus der Mitte des 13. Jahrhunderts, Anfang

Ausgangspunkt: Sand – St. Moritzen (gleich hinter der Ahrnbachbrücke beim Gasthof zur alten Mühle, Parkplätze).
Weglänge: 2,5 km
Gehzeit: ¾ Stunden
Steigung: 100 m
Wanderkarte: Freytag-Berndt-Wanderkarte 1 : 50 000, Blatt 3

Führungszeiten Schloß Taufers
(Dauer 1 Stunde):
Juni – Oktober täglich zwischen 10.00 und 11.30 Uhr sowie zwischen 14.00 und 17.00 Uhr. Von November – Mai montags, mittwochs und freitags 14.00 Uhr

des 16. Jahrhunderts großzügiger Ausbau zur Dynastenburg, seit August 1977 im Besitz des Südtiroler Burgeninstitutes.

Nach der Schloßbesichtigung, die man sich auf keinen Fall entgegen lassen sollte, spazieren wir auf der Fahrstraße hinunter zur Talstraße. Anschließend auf einem Holzsteg über den *Ahrnbach,* dann links parallel zum Bach durch das *»Pranter Waldele«* auf schattigem Fußweg zur *Schloßbrücke* am Ortsanfang von Sand. Auf der Durchgangsstraße in die Ortsmitte. Beim Busbahnhof ein Gedenkstein für den hiesigen Bergführer Johann Niederwieser (1853–1902), der neben vielen anderen auch den mittleren Vajoletturm erstmals erkletterte. Am 22. September 1902 stürzte der »Stabeler«, wie ihn der Volksmund nannte, am Schaflahnernock oberhalb der Chemnitzer Hütte in den Tod.

Kurz danach wird die Durchgangsstraße links verlassen. In 5 Minuten sind wir wieder bei der Ahrnbachbrücke bzw. beim Ausgangspunkt.

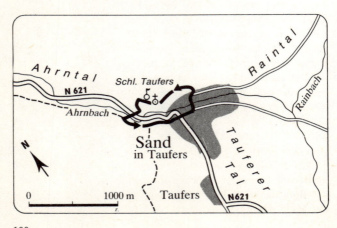

44
Mit oder ohne Lift in 2523 Meter Höhe

Diese Bergtour auf den Gipfel des Speikbodens kann auch von ausgesprochenen Flachländern leicht bewältigt werden

Ausgangspunkt: Sand in Taufers
Weglänge: 14 km
Gehzeit: 7¼ Stunden
Steigung: 1700 m
Wanderkarte: Freytag-Berndt-Wanderkarte 1:50 000, Blatt 3

Ab der Ortsmitte von *Sand* auf der Durchgangsstraße taleinwärts zur Schloßbrücke. Links der Brücke neben dem *Ahrnbach* in 5 Minuten zum »Pranter Waldele«. Beim Holzsteg (rechts über den Bach zur Talstraße) wenden wir uns links (Tafel) und folgen dem *Daimerweg* (Nr. 27), auch »Herrenweg« genannt. Im Wald ansteigen, den *Pranter Bach* überschreiten, danach links und in Kehren aufwärts. Nach insgesamt 1½ Stunden mündet von rechts ein Weg von Michelreis. Für uns gilt auch in der Folge Weg 27. Vor dem Draslbach heißt es aufpassen! Wo uns der dunkle Fichtenwald freigibt und wir eine Lichtung betreten, wird der Daimerweg links verlassen: Auf steilem Pfad in ¾ Stunden zur *Äußeren Michelreiser Alm* (2030 m). Von Sand etwa 3 Stunden.

Bergan in westlicher Richtung, einen begrasten Rücken überschreiten und in den weiten Kessel der Inneren Michelreiser Alm. Wir stoßen auf den Weg, der rechts von der Bergstation des Speikbodenliftes kommt. Gemeinsam geht es

Einkehrmöglichkeit: Innere Michelreiser Alm (etwas abseits)

Abkürzung: Bei Benutzung des Speikbodenliftes (Talstation an der Straße zwischen Sand und Luttach, erste Fahrt um 8 Uhr) verkürzt sich die Tour um etwa 3 Stunden

weiter bergan, über einen Rücken, bis die Route links in einen Kessel einschwenkt. Bald zweigt links ein Pfad ab zu einem kreisrunden Seeauge. Es dauert nicht mehr lange, bis eine Tafel links zur »Hochebene-Sand« zeigt. Diese Abzweigung merken wir uns für den Rückweg.

Bei der nächsten Wegteilung (links der Kellerbauerweg, Nummer 27, in 5 Stunden zur Chemnitzer Hütte) rechts, an einem Vorgipfel vorüber, zum Kreuz auf dem *Speikboden* (2523 m). Von Sand etwa 4½ Stunden.

Vom Gipfel auf dem Herweg zu der bereits erwähnten Abzweigung rechts in Richtung »Hochebene-Sand« (Tafel Weg 27a). Über die Hochebene oberhalb der Pieterstein Alm (rotes Zeichen). Anschließend auf schmalem Steig durch den Wald hinunter zum *Oberen Pursteiner Hof* (1462 m). Von dort in etwa 25 Minuten zum *Unteren Pursteiner Hof* (1121 m). Nach einer Weile betreten wir einen Fahrweg, auf dem der Abstieg fortgesetzt wird, vorbei am Hotel Panorama nach *Sand*.

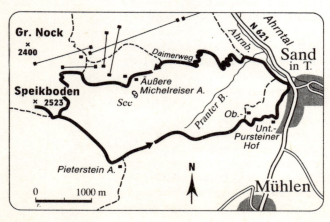

45
Zur Kasseler Hütte

Höhenwanderung in alpinen Regionen nahe der Gletscherfelder der Rieserfernergruppe

Die Zufahrtsstraße nach Rain zweigt in Sand ab, ist streckenweise steil und nicht überall asphaltiert. Parkraum ist südlich der Kirche bei der Mündung des Knuttenbaches in den Bacherbach vorhanden.

Auf Weg 1 südwärts über den Bacherbach. Vom grünen Wiesenboden des Tales steigen wir an in den Wald und halten uns an den Hüttenweg. In gleichmäßiger Steigung erreichen wir die *Untere Terner Alm* (1874 m), kommen dann nahe einem Wasserfall vorbei, überschreiten einen Bachlauf und sind knapp 1½ Stunden nach Rain bei der *Eppacher Alm* (2041 m). Anschließend über den *Tristenbach* und in Kehren empor zur *Kasseler Hütte* (2276 m). Von Rain 2½ Stunden.

Von der Hütte kann auf einem Klettersteig das 2465 Meter hohe *Tristenöckl* (höchster Zirbenbestand der Ostalpen) erklommen werden; Auf- und Abstieg etwa 1 Stunde.

Nun vertrauen wir uns dem *Arthur-Hartdegen-Weg* (Nr. 8) an. Er existiert seit 1910 und hat seinen Namen von einem

Ausgangspunkt: Rain im Knuttental. *Rain* (1595 m) und das Knuttental zwischen Rieserferner- und Durreckgruppe gehören zu den abgelegenen Südtiroler Talschaften, noch weitgehend ursprünglich, von hohen Bergen gesäumt
Weglänge: 15,5 km
Gehzeit: 5½ Stunden
Steigung: 1000 m
Wanderkarte: Freytag-Berndt-Wanderkarte 1:50 000, Blatt 3

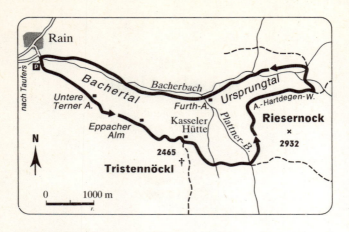

Einkehrmöglichkeit:
Kasseler Hütte (nur in den Sommermonaten bewirtschaftet)

Vorsitzenden der Alpenvereinssektion Kassel. In mäßiger Steigung traversieren wir die Hänge unter den eisgepanzerten Abstürzen der Rieserfernergruppe. Der Weg zieht sich durch Moränen, überschreitet Bachläufe und wendet sich nach dem *Plattner Bach* links in nördlicher Richtung. Jetzt queren wir die West- und Nordflanke des abgestumpften Riesernock. Vom höchsten Punkt unserer Tour (2380 m) wendet sich der Arthur-Hartdegen-Weg ostwärts in Richtung Lenkstein, während wir links absteigen. Eine Brücke leitet uns über den *Ursprungbach*. Kurz danach halten wir uns erneut links, jetzt auf Weg 8 b, und steigen im Ursprungstal ab. Etwa 20 Minuten später bei einer Wegteilung halblinks (Nr. 8 b verläuft im Hang weiter), den Ursprungbach nochmals überschreiten und an seinem linken Ufer zur *Furth Alm* (1787 m). Danach über den *Bacherbach* und vorerst an seinem linken, nach 20 Minuten am rechten Ufer durch das Bachertal hinauf zum Parkplatz bei *Rain*.

Auf dem alten Römerweg ins Gsieser Tal

Ein Höhenweg auf dem Eggerberg zwischen Pustertal und Gsieser Tal auf stillen Pfaden mit herrlichen Ausblicken auf die Pragser Dolomiten

In den Schloßweg und bergan, vor der Schule links halten auf asphaltiertem Fahrweg. Links, etwas unterhalb der Route steht das mittelalterlich anmutende Schloß Welsberg aus dem Jahre 1765 (keine Besichtigung, Landwirtschaft).

Vom Stadel taleinwärts, bis der Fahrweg eine Rechtskurve macht. Nun am Waldrand entlang, in den Wald und dort 10 Meter nach der Linkskurve scharf rechts zu einem Pfad. Er mündet 5 Minuten später unterhalb des Greidler-Hofes wieder in das Sträßchen. Wir folgen ihm ¼ Stunde, dann scharf rechts auf einen Wanderweg. Bald sind wir beim Hof *Karmann*. Von Welsberg 1 Stunde.

In 5 Minuten zu einem geteerten Sträßchen. Mit ihm rechts 100 Meter abwärts zum Ausichtsplatz »Belvedere« (1548 m). Vor zwei baufälligen Heuhütten links mit Weg 41 auf einem Pfad bergan in den Wald. Etwa 5 Minuten durch einen Hohlweg. Einige Minuten danach an der Wegegabel rechts halten. Knapp 1½ Stunden nach Welsberg sind wir auf dem

Ausgangspunkt: Welsberg, Gasthof Lamm
Weglänge: 18 km
Gehzeit: 5 Stunden
Steigung: 700 m
Wanderkarte: Freytag-Berndt-Wanderkarte 1:50 000, Blatt 3

Einkehrmöglichkeit: Restaurant Durnwald (Montag geschlossen)

Welsberg:
Zwischen Bruneck (17 km) und Toblach (10 km) führt die Pustertalstraße durch *Welsberg* (1087 m), den Geburtsort des weit über die Grenzen seiner Heimat hinaus bekannten Barockmalers Paul Troger (1698–1762), von dem auch die Altarbilder in der Pfarrkirche St. Margareth stammen. Welsberg ist Station der Pustertalbahn, SAD-Bushaltestelle

Rücken des *Eggerberges*. An der Wegeteilung rechts. Unsere Route behält die Ostrichtung bei und folgt der Tafel »Berggasthof Jörgerhof« bis zu einer Wegekreuzung (2½ Std. von Welsberg).

Aus der Einsattelung links mit Weg 7, aber nicht auf dem breiten Weg, sondern links davon auf einem Wiesenpfad in den Wald. Abwärts, nach 5 Minuten an der Gabelung rechts zu einem breiten Weg. Einige Schritte links, dann wieder rechts (Pfad), vorbei an einem verfallenen Holzhüttchen. Wir queren ein Bächlein, gleich danach links (nicht geradeaus!) zum linken Bachufer. Der Weg verliert sich streckenweise. Auf Markierungen achten! Über eine Steilstufe hinunter zu einem Fahrweg. Links und hinaus zum Kirchlein Maria Schnee von *Durnwald*. Von Welsberg 3½ Stunden. Links, am Restaurant Durnwald vorbei und auf der alten Talstraße. Nach ¾ Stunden nicht rechts über die Brücke, sondern linkshaltend, an der nächsten Wegegabel halbrechts und zurück nach *Welsberg*.

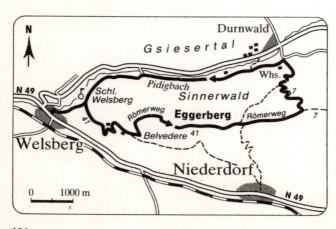

Zur schönen Aussicht auf den Helm

Die Helmhöhen sind die prächtigsten Aussichtsbalkone auf die einzigartige Bergwelt der Sextener Dolomiten

Vom Gasthof Post hinauf zur Volksschule und rechts auf dem St.-Veit-Weg zum Gasthof Goldenes Kreuz. Davor links weiter auf dem Bergweg, dem man rechtshaltend folgt in 5 Minuten zu einem kanalisierten Bachlauf. Über den Holzsteg, dann links auf schmalem Weg. Über eine Wiese, dann in den Wald und mit den Wegen 4c, 4 und 13 unter der Seilbahn hindurch. Die sogenannte »Katzenleiter« führt hinauf zum *Gasthaus Panorama* (1570 m).

Auf der Straße gehen wir dann rechts zum *Weltkrieg-I-Werk Mitterberg,* 1889 nach fünfjähriger Bauzeit fertiggestellt (hierher von Sexten auch auf 3,3 km langer Fahrstraße).

Die Wege gabeln sich: 4a leitet direkt zum Helm, angenehmer ist das Sträßchen (Weg 4) linkshaltend in Richtung Lärchenhütte, wobei Abkürzer möglich sind. Von der *Lärchenhütte* (1830 m) in ½ Stunde zur Bergstation (oder vorher rechts Abkürzer nehmen) der *Helm-Seilbahn* (2060 m).

Ausgangspunkt: Sexten, Gasthof Post
Weglänge: 26 km
Gehzeit: 11–12 Stunden
Steigung: 1400 m
Wanderkarte: Kompass-Wanderkarte 1:50 000, Blatt 58; oder Wanderkarte Sextener Dolomiten 1:25 000 (in Sexten erhältlich)

Einkehrmöglichkeit: Lärchenhütte, Helm-Restaurant, Hahnspielhütte, Viktor-Hinterberger-Hütte, Alpe-Nemes-Hütte, Kreuzbergpaß

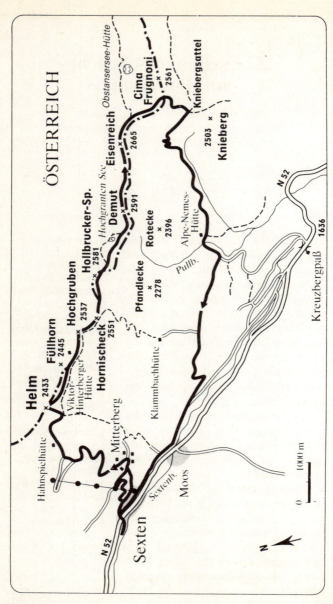

In ¼ Stunde zur *Hahnspielhütte* (2150 m). Weiter auf breitem Weg durch den Hang bis zum Helm-Südrücken, über den es steil zur Helmhütte (Finanzwache, nicht zugänglich) auf dem *Helm* (2434 m) geht. Von Sexten benötigt man knappe 3 Stunden.

Weiterweg: Abwärts, dann nicht rechts, sondern geradeaus entlang der italienisch-österreichischen Grenze, bald im Gegenanstieg zur *Viktor-Hinterberger-Hütte* (2418 m) des ÖAV; vom Helm 1 Stunde. Weiter auf dem *Karnischen Höhenweg*. Hinter dem *Hornischeck* (1½ Std. vom Helm) ist auf Sextener Seite ein »Notabstieg« zur Jausenstation Klammbachhütte (1944 m) möglich.

Wir bleiben am besten auf der rechten (italienischen) Seite des Kammes, bis nach der Finanzerhütte, vor der Cima Frugnoni (links unten die österr. Obstanser-See-Hütte) unsere Route den Kamm rechts verläßt. In ½ Stunde hinunter zum *Kniebergsattel* (2329 m). Hier erneut rechts. Bis zur *Alpe-Nemes-Hütte* (1877 m) ist mit 1 Stunde zu rechnen. Abschließend entweder in 40 Minuten zum Kreuzbergpaß (und mit dem Bus nach Sexten), oder auf dem 7 Kilometer langen Fahrweg nach Sexten-Moos, von wo es noch 20 Minuten zum Ausgangspunkt sind.

Sexten liegt im gleichnamigen Tal im östlichsten Winkel von Südtirol, 7 km von Innichen (nächster Bahnhof, regelmäßige Busverbindungen). Sehenswert sind Pfarrkirche und Friedhof mit den Gräbern berühmter Bergführer (u. a. Michel und Sepp Innerkofler) sowie am Friedhofsausgang der Totentanz von Rudolf Stolz aus dem Jahr 1923.

Bemerkungen: Personalausweis oder Reisepaß mitnehmen. Übernachtung am besten in der Viktor-Hinterberger-Hütte (geöffnet 1. Juni – Anfang Oktober)

Abkürzung: Durch die Helm-Seilbahn kann die Tour um etwa 2 Stunden verkürzt werden; zum Helm-Restaurant führt von Obervierschach ein Sessellift. Fahrzeiten der Helm-Seilbahn: halbstündlich zwischen 8.00 und 12.00 Uhr und zwischen 13.00 und 18.00 Uhr

Register

Ahrntal 83, 99, 101
Algund 56
Algunder Waal 56, 58
Altenburg 30, 32
Altenburger Bach 31
Andreas-Hofer-Rundweg 71
Andrian 41
Auenjoch 21

Bittnerhof 45
Boarenwald 38, 39
Boymont 26, 27
Bozen 11, 12, 14, 17, 18, 28, 40
Brandis 49
Branzoll 89
Brixen 11, 91
Brixener Höhenweg 81
Burgeis 85
Burgstall 42

Churburg 13, 77, 78, 85
Corno di Tres 38

Dorf Tirol

Eisacktal 11, 44, 90, 95
Elfenspitze 88
Englar 25
Eppan 22, 24, 28
Etschtal 12, 18, 40, 42, 52, 65, 73, 80, 81

Fenner Joch 39
Fennhalser Sattel 39
Fennpromenade 16
Fragsburg 64
Frangart 23
Franzensfeste 11, 93
Fürstenburg 85
Furklauer Bach 24

Gais 97
Gaiser Waal 98
Gargazon 10
Girlan 22
Gißmann 15
Glurns 79
Grasstein 93
Graun 37, 87
Grissian 46
Großer Mittager 68
Gsieser Tal 105
Gummererhof 32, 36

Haderburg 13
Hafling 65
Helmhöhen 107
Hocheppan 16, 26, 27, 29

Hocheppaner Weg 26, 28
Höllenbach 44
Höllentalbach 36
Hundskopf 92

Ilfinger 69
Innichen 10

Jaufenpaß 12
Jenesien 18

Kalterer Höhenweg 16, 31, 32
Kalterer See 16, 32
Kaltern 28, 30, 31, 32, 34
Kasatsch 48
Kasseler Hütte 104
Kastelaz 37
Kastelbell 13
Katzenstein 64
Katzenzungen 48
Klausen 89, 90
Klobenstein 14, 16, 17
Korb 26, 29
Kurtatsch 37

Laatsch 81, 82
Lana 10, 17, 49, 50
Lengmoos 17
Lichtenberg 80
Liebeneich 40

Malsitter Jöchl 91
Margarethenweg 40
Marienberg 13, 80, 85, 86
Marienburg 50
Mendelkamm 38
Meran 11, 48, 55, 57, 61, 63, 67, 68, 69
Meraner Höhenweg 49
Meraner Hütte 68
Missensteiner Joch 67
Mittagerhütte 68
Mölten 43
Münstertal 83
Muterweg 60
Mutspitze 61

Nals 41, 44, 48
Naturns 10
Naturnser Alm 52
Neuhaus 41

Obermontani 13

Partschins 13, 73
Partschinser Höhenweg 74
Partschinser Wasserfall 65, 74
Passeiertal 12, 71
Payersberg 44, 47
Penser Joch 20
Plarser Waal 56, 98
Polsterhof 86
Prissian 46
Puntleider See 93

Pustertal 11, 105
Putzenjoch 20

Radlseehütte 92
Rain 103
Rametz 64
Rastenbachklamm 33
Regele-Hof 45
Reichenberg 82
Reschenpaß 11, 13
Reschensee 81, 87
Rifair 81, 84
Ritten 15, 16
Rittnerhorn 14
Roßkopf 95
Roßwagen 15
Rotwand 39
Rungg 35
Runkelstein 12, 49

Säben 11, 89
Saldurbachklamm 77
Salegg 30
Salurn 11
Sand 99, 101, 103
Sarner Schlucht 12
Sarner Skihütte 21
Sarntal 20, 65
Sarntaler Alpen 91, 93
Sarnthein 21
Schenna 69, 70, 72
Schluderns 13, 77, 78, 85
Schnuggenbach 69, 70
Schwanburg 45
Schwarzseespitze 14
Schweigglpaß 34
Sexten 10, 11, 107
Sigmundskron 9, 23
Sirmian 47
Söll 36
Speikboden 102
St. Apollonia 46
St. Hippolyt 49
St. Jakob 46
St. Kathrein 63
St. Leonhard 71
St. Michael 24, 28
St. Nikolaus 53, 54
St. Pauls 29
St. Valentin 88
St. Vigil 17, 51
Steinegg 62
Sterzing 11, 20, 95, 96
Stoanernen Mandlen 21
Sulden 75, 76

Tappeiner Weg 55, 57, 58
Tauferer Tal 97, 99
Taufers 82, 83, 99, 100
Telfer Weißen 96
Terlan 40, 41, 43
Thurnstein 55, 58
Tirol 48, 57, 58
Toblach 10, 11, 106

Tramin 34, 36
Tristennöckl 104
Tröpfeltal-Wanderweg 30
Trostburg 11
Tschauferhaus 18
Tschauferhöhe 18

Ultental 53, 54
Untermontani 13

Vellau 59, 61
Vellauer Felsenweg 59
Vilpian 41, 45
Völlan 50
Vöran 42

Waidbruck 11
Welsberg 105, 106

Zehnerkopf 88
Ziegensteig-Wanderweg 30

Die schönsten Rundwanderungen des Gebietes: Halbtagestouren und Tageswanderungen – jeweils mit Wegeskizze und Freizeitsymbolen.
Angegeben sind jeweils Weglänge und Gehzeit, Steigungen, empfohlene Wanderkarte und Einkehrmöglichkeiten.